Reconoci

ÁNGELES. Pequeñas horquillas doradas en las solapas. *Ángeles.* Figuras de porcelana tocando una trompeta en las mesitas de centro. *Ángeles.* Relatos de amigos desconocidos realizando acciones incuestionables. *Ángeles.* Parecen estar en todas partes, desde la ropa hasta los muebles, y los testimonios.

¿Cómo debemos interpretar este fenómeno? ¿Cómo un aluvión de bondad celestial? ¿O como un engaño demoníaco? ¿Cómo podemos estar seguros de que se trata de algo bueno sin caer en lo malo?

David Jeremiah se ha propuesto dar alguna orientación sobre este tema celestial. ¡Qué labor tan oportuna dirigió a su pluma! David tiene la asombrosa habilidad de ser reflexivo sin ser aburrido. ¡Con la lectura de este libro obtendrá la información que busca, sin quedarse dormido!

Cuán agradecidos estamos a Dios por haber orientado los conocimientos de David hacia este tema vital de los ángeles. Sus palabras profundizarán la gratitud suya por los mensajeros de Dios a la luz de Su Palabra.

—MAX LUCADO
Autor y pastor, San Antonio, TX.

EN POCAS PALABRAS, ¡este es un libro excepcional! Como era de esperarse de David Jeremiah, esta obra refleja la preocupación de un teólogo, el corazón de un pastor, y la exactitud de un biblista.

¡Pero, más que nada, este libro refleja el poder del púlpito! Predica en el mejor y más honesto sentido de la palabra, llevando al lector hacia una conclusión convincente, capítulo tras capítulo. En un día de tantas opciones, quisiera recomendar este libro como una primera opción —y quizá la última— sobre los ángeles.

—Dr. BRUCE WILKINSON
Autor de libros best-seller según el New York Times Atlanta, GA.

CON TODA la curiosidad y la excitación que hay por los ángeles en estos días, David Jeremiah presenta una mirada refrescante y alentadora en cuanto a lo que dice la Biblia sobre ellos. Gracias David, por acercarme más a Dios por medio de este libro maravilloso.

—DAVE DRAVECKY
Autor y director de Outreach of Hope Colorado Springs, CO.

Dr. David Jeremiah

Ángeles

Quiénes Son

y Cómo Nos Ayudan...

Lo Que *la* Biblia Revela

Editorial Patmos

Ángeles: quiénes son y cómo nos ayudan... Lo que la Biblia revela

Publicado por Editorial Patmos,
Miami, FL. 33169

Originally published in English under the title: *Angels: Who They Are and How They Help and What the Bible Reveals* by David Jeremiah - Copyright © 1996, 2006 by Dr. David Jeremiah

Published by Multnomah Books an imprint of The Crown Publishing Group a division of Penguin Random House LLC 12265 Oracle Boulevard, Suite 200, Colorado Springs, Colorado - 80921 USA
Published in association with the literary agency of Yates & Yates, LLP, Attorneys and Counselors, Orange, CA Previously published as *What the Bible Says About Angels*

International rights contracted through: Gospel Literature International - P.O. Box 4060, Ontario, California 91761-1003 USA. This translation published by arrangement with Multnomah Books, an imprint of The Crown Publishing Group, a division of Penguin Random House LLC

Publicado originalmente en inglés por Multnomah Books, an imprint of The Crown Publishing Group, a division of Penguin Random House LLC con el título *Angels: Who They Are and How They Help and What the Bible Reveals* Copyright © 1996, 2006 por Dr. David Jeremiah

Traducido por Luis Magin Alvarez
Edición por Roberto Cabrera
Adaptación de portada e interior por Adrián Romano

ISBN 13: 978-158802-775-7

Categoría: Vida Cristiana

Impreso en Brasil | *Printed in Brazil*

Dedicado a

Annie Thompson

madre de mi esposa

CONTENIDO

Toda la gloria sea
para el Dios de los ángeles

Capítulo 1

¿Qué Hacen los Ángeles en Realidad?

ESTANDO EN EL CONSULTORIO DEL MÉDICO hace diez años, me dijeron que tenía cáncer. Estoy seguro de que usted entenderá si le digo que eso me produjo mucho temor. Fue uno de esos momentos en los que yo habría querido tener un ángel conmigo en la habitación que me asegurara que todo iba a estar bien. En los meses siguientes, sentí el mismo temor cuando después me preparaba para someterme a un par de cirugías. La mano de un ángel que estuviera sosteniendo la mía mientras me llevaban al quirófano habría sido un consuelo maravilloso. Pero, hasta donde sabía, yo nunca había visto un ángel. Jamás. ¿Significaba esto que algo andaba mal en mí? ¿Por qué solo otras personas tenían ese privilegio? ¿No era yo lo suficientemente espiritual?

Tal vez usted se ha hecho las mismas preguntas. Y quizá no está satisfecho con las respuestas que ha recibido. El gran interés por los ángeles le ha proporcionado mucha información, pero también confusión, equívocos y especulaciones sin fundamento. ¿Dónde puede uno conseguir información útil? ¿Cómo se puede obtener una perspectiva equilibrada y precisa basada en la realidad de Dios y en la verdad eterna? De eso se trata este libro.

¿Maravillas deseables, o una pérdida de tiempo?

Desde el decenio de 1990, los ángeles están por todas partes, o más bien, se habla de ellos por todas partes: en las principales revistas, en los libros de mayor venta, en programas populares de televisión, en conversaciones en la cocina, y en seminarios universitarios. Muchas personas dicen haber visto o sentido la presencia de un ángel en la realidad. Nunca en la historia, supongo, como en nuestros días, ha sido dirigida tanta atención hacia estos seres celestiales. Entonces, ¿cuál es la importancia de todo esto? ¿Está el Señor complacido con esta explosión de curiosidad? ¿Querrá Él que usted y yo asistamos a este espectáculo, o por lo menos que mostremos un poco más de atención a los ángeles que las generaciones anteriores? ¿Debemos estar dando vueltas por toda la Tierra en busca de estos seres celestiales? ¿Debemos confiar en el cuidado diario y en la protección de estos guardianes angelicales?

¿O es todo esto una pérdida de tiempo? Tal vez la angelmanía que llegó a su apogeo en la década de los años noventa fue, en el mejor de los casos, otra novedad trivial; y en el peor, una táctica engañosa de Satanás para desviar la atención espiritual de las personas de la verdad real. Al igual que los niños pequeños, que estando en el Gran Cañón no pueden ver más allá de las ardillas mimadas que con su mirada penetrante esperan que los turistas les den algo, si empezamos a enfocarnos en los ángeles podríamos no ver el magnífico e impresionante cuadro completo de Dios.

Por otro lado, ¿pudiera una mayor atención a los ángeles ser, en realidad, el deseo y el plan de Dios para su pueblo en este momento de la historia? ¿Es acaso una pista y una señal de que estamos en el umbral de algo más grande en el tiempo de Dios para el mundo? ¿Estará a punto de terminar esta era? ¿Por la misericordia y el amor de Dios por los pecadores, ha hecho Él que la creencia en los ángeles espirituales sea más respetable para que la gente pueda aceptar mejor el mensaje espiritual del evangelio, antes de que sea demasiado tarde? O, como dicen algunos maestros muy respetados de las Escrituras, ¿ya no existe tal cosa como la actividad angelical en nuestro mundo, desde que finalizaron los tiempos bíblicos? Las preguntas siguen y siguen. (Y aún me pregunto si los ángeles se las están haciendo también.)

Probablemente, ningún asunto teológico importante ha recibido tanta atención secular en los tiempos modernos como la doctrina de los ángeles en nuestros días. Uno esperaría que los cristianos estuvieran encantados por esto, y que se apresuraran a aprovechar al máximo esta nueva oportunidad para el diálogo espiritual con el mundo no cristiano. Pero la realidad es que muchos cristianos no saben qué pensar acerca de los ángeles. Como cuando el concepto de que "Dios ha muerto" acaparó los titulares hace algunas décadas, los cristianos estaban unidos en una sola respuesta: ¡No! —proclamaron— ¡Dios está vivo! Pero cuando en diferentes medios y publicaciones vemos afirmaciones sobre una extendida actividad de los ángeles, acrecentándose así la creencia en estos seres como guardianes personales, la reacción cristiana típica es: *Bueno quizá sí, o quizá no.*

Los peligros

La angelmanía pareció desencadenar un cambio importante en el pensamiento de nuestra cultura. Lo que antes había sido mayormente un mito de las generaciones anteriores, se ha convertido en una realidad fascinante en la mente popular. Por ejemplo, más de un millón de personas en todo el mundo leen la revista bimestral *Angels on Heart* (Ángeles en la Tierra), de la editorial Guideposts. Cada número contiene un puñado de historias de personas que creen que han tenido encuentros con ángeles. Todo esto parece encajar en una mayor apertura a la espiritualidad que se ha estado formando durante años. Son pocas las personas que siguen pensando que todas las respuestas importantes de la vida pueden encontrarse en la ciencia, en el pensamiento racional y en la lógica. Saben que la realidad tiene otra dimensión, una dimensión espiritual que está más allá de la ciencia y de la razón. Es este "otro" lado de la realidad el que sigue haciéndose más grande en el pensamiento popular. ¿Qué significa todo esto? ¿Es bueno o malo?

El mayor peligro bien puede ser una mayor susceptibilidad y aceptación de la cara oscura de la espiritualidad. La puerta mental de la humanidad podría abrirse más hacia pensamientos mezclados de religión con eternidad, haciendo probable mayor apertura también a la influencia de Satanás. La Escritura nos advierte que "el mismo Satanás se disfraza como ángel de luz" (2 Corintios 11:14). Tal vez, esta estrategia de engaño pudo no ser tan efectiva en las generaciones que nos precedieron. La gente no estaba entonces tan abierta a creer en ángeles, y si alguien decía que había visto uno o que quería ver uno, podía ser llamado religioso, o estúpido, o raro. Ahora la situación ha cambiado. Es aceptable e incluso de moda creer en los ángeles, y millones de personas en todo el mundo están buscando la actividad angelical como nunca antes.

Pero una creencia más fuerte en los ángeles no es ninguna garantía de una mayor comprensión de la verdad de Dios. El diablo puede atraparnos tanto a través del "angelismo" como a través del materialismo, la lujuria sexual, o el ansia de poder. De hecho, se ha anotado algunos de sus mayores triunfos con el disfraz de los ángeles. En el año 610 nació la opresiva religión del islam, cuando Mahoma recibió el contenido del Corán en una serie de visiones de alguien que él creyó que se trataba del ángel Gabriel. Doce siglos después surgió la engañosa secta del mormonismo, cuando supuestamente un ser angelical llamado Moroni conectó a Joseph Smith con el Libro de Mormón. ¿Está Satanás haciendo lo mismo otra vez? ¿O en vez de lanzar una religión o una secta anticristiana nueva y grande, tal vez él y sus demonios estén simplemente utilizando el disfraz angelical —un poco aquí, un poco allá— para coquetear con la fascinación de la gente, y para crear curiosidad por la presencia angelical?

Influenciando a las personas precisas, con las conexiones precisas para conseguir la publicación de libros precisos, y de artículos en revistas precisas, así como programas de televisión precisos, Satanás puede atraer a millones de personas a una falsa sensación de experiencia espiritual y de seguridad. El gusto endulzado y el cosquilleo espiritual por un poco de angelismo puede arruinar el apetito de la gente por el sólido y buen alimento de la Palabra de Dios, y por su evangelio de gracia y de verdad. Incluso las publicaciones seculares han reconocido, al menos en parte, este aspecto de la angelmanía. Notaron la fácil tentación de preferir a los ángeles antes que a Dios, y hablan de cómo los ángeles ofrecen una forma de espiritualidad carente de Jesús y de Dios. Debido a que la creencia en Dios ya no es "popular" en los Estados Unidos de América, es posible creer en cualquier cosa. La gente está buscando la espiritualidad, pero no si esta involucra a Dios. La revista *Time* ha comentado sagazmente: "Los ángeles son la solución práctica buena y neutra a todo. Están disponibles para todo el mundo, como la aspirina".

La revista *Life* puso la etiqueta de "Dios *light o lite* (ligero)" al movimiento del angelismo. El reportero de la revista visitó una conferencia de entusiastas de los ángeles. A diferencia de los poderosos seres celestiales descritos en la Biblia, el periodista dijo que los ángeles que le fueron descritos en la conferencia eran de una especie más afable y más pequeña, cariñosos como un perrito faldero, concienzudos como un guardia peatonal de escuela. Oí que los ángeles eran comparables con primos lejanos espirituales, semejantes a mensajeros repartidores de flores… y comienza entonces una agradable sensación de calidez y de amor que envuelve a la persona. Los ángeles de hoy parecen pasar mucho menos tiempo alabando a Dios, que sirviéndonos a nosotros. Aunque aún están haciendo rescates súper heroicos justo a tiempo, siguen apareciendo en emergencias menos difíciles, como encontrar un juego de llaves extraviadas, o hacer un guiso de pollo más sabroso. En efecto, casi todos los creyentes en ángeles que conocí me hablaron de que un ángel a quien acuden les consigue un lugar de estacionamiento en una calle llena de gente en la ciudad.

Si algunos de sus vecinos, amigos o familiares se sienten atraídos por un angelismo vacío y frívolo, pero potencialmente peligroso, ¿sería usted capaz de hacerles ver su error, mostrándoles la verdad de Dios acerca de los ángeles? Mi oración es que este libro le ayude a hacer precisamente eso. No hay nada mejor contra el error que una buena dosis de verdad. Al mismo tiempo, recordemos que Dios es soberano. Ha demostrado por la historia que Él utiliza incluso los errores, las tragedias y las insensateces de la humanidad para hacer su voluntad superior. ¿Pudiera ser que en nuestros días Él esté usando la manía por los ángeles (aunque esta manía sea muchas veces excesiva y excéntricas) para poner una cierta presión sobre su pueblo? ¿Querrá Él agudizar nuestra sensibilidad hacia las realidades espirituales?

Después de todo, parece que los ángeles serán una parte importante de nuestro ambiente eterno, que será mucho más importante que nuestra corta y oscura presencia en esta tierra. Por ser eternos en sí mismos, los ángeles tienen un derecho mayor a la "realidad" que nuestros hogares, trabajos y pasatiempos. Y a diferencia de nuestros hogares, trabajos y pasatiempos, los santos ángeles están siempre dirigiendo nuestra atención en la dirección correcta: hacia Dios. El solo pensar en los ángeles puede hacernos recordar de nuevo que hay otro mundo, además de este al que nos aferramos tanto. Los ángeles experimentan ya la plenitud de ese otro mundo, ese reino eterno, celestial, de Dios, donde el gobierno de Él no tiene absolutamente ninguna oposición o cuestionamiento. Algún día experimentaremos eso con ellos.

Jesús estaba dirigiendo nuestra mirada hacia ese otro mundo invisible cuando nos enseñó a pedir en oración: "Hágase tu voluntad, como en el cielo, así también en la tierra". Al oír esas palabras, damos por sentado fácilmente que en este mismo momento los ángeles en el cielo están haciendo la voluntad de Dios a la perfección y con gozo. Y nosotros también pedimos hacer lo mismo, aquí y ahora. Cuando oramos sinceramente a nuestro Padre celestial y decimos: "Venga tu reino", le mostramos anhelo por algo mejor que el territorio enemigo que es hoy nuestro mundo, infectado por el pecado y lleno de los engaños del ángel caído, Satanás.

La realidad

Antes de predicar y escribir sobre este tema, leí centenares de historias sobre avistamientos de ángeles y de encuentros con ellos. Muchas de ellas son inverosímiles, y van más allá de los límites que la Escritura permite como fiables. Por ejemplo, la Biblia no da ninguna indicación de que los ángeles responderán si oramos directamente a ellos en busca de ayuda. De hecho, en la Escritura no encontramos ningún caso de personas que alguna vez le pidieran a Dios que les enviara la protección de un ángel. La única persona en la Escritura que trató de persuadir a alguien de que buscara la ayuda de un ángel fue Satanás, quien citó un versículo del Antiguo Testamento sobre la protección de los ángeles, cuando tentó a Jesús en el desierto (Mateo 4.6).

Más importante aún, la Escritura no da ninguna base para suponer que ángeles servirán y ayudarán a los no cristianos. La Biblia describe a los ángeles como "espíritus ministradores, enviados para servicio a favor de los que serán herederos de la salvación"

(Hebreos 1:14). ¿Quiénes son estas personas destinadas a ser "herederos de la salvación"? La Biblia deja en claro que esto se refiere solamente a quienes llegan a conocer a Cristo como Salvador. Es solamente para servir a los creyentes que son enviados los ángeles. Si alguien afirma haber visto un ángel, pero esa persona no profesa ninguna lealtad a Jesucristo, probablemente lo que vio (si es que en realidad vio a uno, de alguna manera) fue un ángel caído, uno de los mensajeros del diablo, no del Señor. No todo ángel viene de Dios.

Un libro mucho más grande que el que tiene usted en sus manos sería necesario para examinar todas las opiniones y las creencias que circulan acerca de los ángeles, que a lo largo de la historia han sido, o bien muy cuestionadas, o bien han estado en oposición absoluta a la verdad bíblica. Pero ¿qué de las historias de ángeles que se ajustan a los parámetros de la Biblia, y que son reportadas por fuentes dignas de confianza, por personas que nunca tuvieron la intención de inventar cosas? ¿Debemos creer esas historias?

En su famoso libro: *Los ángeles, agentes secretos de Dios* (1975), que ha vendido más de dos millones y medio de copias, y que sigue siendo un éxito de ventas, Billy Graham recopiló y repitió muchas historias acreditadas de experiencias con ángeles, incluyendo el siguiente relato de una familia sobre la muerte de la abuela materna:

> La habitación parecía estar llena de una luz celestial. Ella se sentó en la cama, y casi riendo dijo: 'Veo a Jesús. Tiene sus brazos extendidos hacia mí. Veo a Ben [su esposo que había muerto algunos años antes], y veo ángeles'. Después se desplomó, ausente del cuerpo pero presente con el Señor.

Billy Graham dijo que creía en los ángeles, no solamente por el testimonio de la Biblia en cuanto a ellos, sino también "porque he sentido su presencia en mi vida en ocasiones especiales". Él escribió:

> Como evangelista, muchas veces me he sentido demasiado agotado para ministrar desde el púlpito a hombres y mujeres que han llenado estadios para escuchar un mensaje del Señor. Sin embargo, una y otra vez mi debilidad se ha desvanecido, y mis fuerzas se han renovado. He sido lleno del poder de Dios, no solo en mi alma, sino también físicamente. En muchas ocasiones, Dios se ha vuelto especialmente real, y ha enviado a sus visitantes angelicales invisibles a tocar mi cuerpo, para permitirme ser su mensajero del cielo, hablando como un hombre moribundo a hombres moribundos.

También contó historias emocionantes, como la de este misionero pionero, John G. Paton, en las islas Nuevas Hébridas, en el Pacífico del Sur:

> Nativos hostiles rodearon su sede de la misión una noche con la intención de incendiar a los Paton, y matarlos. John Paton y su esposa oraron durante toda esa aterradora noche, pidiendo a Dios que los salvara. Cuando llegó la luz del día, se asombraron al ver que, inexplicablemente, los atacantes se habían marchado. Entonces dieron gracias a Dios por salvarles. Un año más tarde, el jefe de la tribu se convirtió a Jesucristo, y el señor Paton, recordando lo que había sucedido, le preguntó a ese jefe qué había evitado que él y sus hombres no quemaran la casa y no los mataran. El jefe respondió sorprendido: "¿Quiénes eran todos esos hombres que tenía usted allí?" El misionero respondió: "No había hombres allí; solamente mi esposa y yo". El jefe sostuvo que habían visto a muchos hombres montando guardia —centenares de hombres de gran estatura, con vestiduras brillantes y espadas desenvainadas en sus manos. Parecían rodear el puesto

> misionero, por lo que los nativos tuvieron miedo de atacar. Solo entonces se dio cuenta el señor Paton de que Dios había enviado a sus ángeles para protegerlos. El jefe estuvo de acuerdo en que no había otra explicación.

Una de las historias más populares del siglo XX en cuanto a los ángeles tuvo lugar en un horripilante campo nazi de prisioneros en la Segunda Guerra Mundial, según lo cuenta Corrie ten Boom en *Cartas desde la cárcel.* Ella y su hermana Betsie acababan de llegar a Ravensbrück, donde los nuevos prisioneros eran registrados. Corrie tenía una Biblia escondida debajo de su vestido.

> La Biblia formaba obviamente un abultamiento en mi vestido; pero hice esta oración: "Señor, haz ahora que tus ángeles me rodeen; y permite que ellos no sean transparentes hoy, para que los guardias no me vean". Entonces me sentí perfectamente tranquila. Pasé calmadamente por donde estaban los guardias. Todo el mundo fue revisado, por delante, por los lados y por detrás. Ningún abultamiento escapaba a los ojos de los guardias. La mujer que estaba justo frente a mí había escondido un chaleco de lana debajo de su vestido, y le fue quitado. Pero a mí me dejaron pasar, no me vieron. Betsie, que estaba justo detrás de mí, fue registrada. Pero afuera aguardaba otro peligro. A cada lado de la puerta estaban mujeres que revisaban a todos por segunda vez. Palpaban el cuerpo de cada mujer que pasaba. Yo sabía que a mí no me verían, porque los ángeles seguían estando a mi alrededor. Ni siquiera me sorprendí cuando ellas pasaron junto a mí; pero dentro de mí se levantó este grito de júbilo: "¡Oh Señor, si tú respondes así la oración, puedo enfrentar hasta Ravensbrück sin miedo! [N. de E. Ravensbrück fue el mayor campo

> de concentración de mujeres en territorio alemán durante la Segunda Guerra Mundial. Estaba situado en la zona denominada Ravensbrück, al noreste de la ciudad de Fürstenberg, 90 km al norte de Berlín].

La revista *Christianity Today* publicó la historia de una intervención angelical contada por el editor de *Leadership*, una revista para líderes de la iglesia. Una noche, la joven hija del editor estaba en coma y cerca de la muerte. Alguien del personal del hospital miró al interior de la habitación donde estaba la niña, y fue testigo de una escena asombrosa: había unos ángeles gravitando sobre la cama de la niña. Increíblemente, a la mañana siguiente la hija se había recuperado. Su padre, un hombre nada propenso al sensacionalismo, no dudó en creer que ángeles verdaderamente habían visitado a su hija. Por su parte, el trabajador del hospital renovó su compromiso con Dios como resultado de lo que había visto en la habitación de la chica aquella noche.

Una fuente confiable

Historias como esta provienen de personajes que son fuentes confiables. Entonces, ¿ciertamente ven ángeles las personas hoy día? Si es así, ¿quiénes son estos ángeles, y qué hacen en realidad?

Nos ocuparemos de estas y muchas otras preguntas en este libro. Y la Biblia será nuestra guía. La verdad es que no hay ningún otro lugar confiable para buscar. No sabríamos nada confiable sobre los ángeles si no fuera por el hecho de que Dios mismo nos lo ha dicho. Aparte de la revelación divina, la ciencia y la sabiduría humana no pueden siquiera acercarse a responder a nuestras preguntas sobre este tema, y lo que harían sería confundir más y dar tumbos especulando. Pero La Biblia, como nos recuerda Lewis Sperry Chafer, refleja el conocimiento de Dios del universo, no el del hombre; por lo tanto, en las Escrituras, los ángeles, sobre quienes el hombre por sí solo no pudiera saber nada, son presentados con libertad perfecta.

La Sagrada Escritura es nuestra fuente y nuestro patrón. Mucho de lo que pasa en nombre de los ángeles en nuestro mundo no es bíblico; necesitamos ejercer cautela para evitar ser atrapados por la telaraña de la angelmanía. Cualesquiera que sean nuestras experiencias pasadas, creencias u opiniones respecto a los ángeles, deben ser cotejadas con los principios de las Escrituras. Tienen que surgir de la Escritura, no de lo que hayamos inventado en nuestras mentes que nos gustaría creer acerca de los ángeles. Que no le preocupe que confinar nuestra autoridad a la Palabra de Dios haga que este tema sea aburrido. En esa "libertad perfecta" de información que Chafer señaló, lo que dice la Biblia acerca de los ángeles es emocionante, esclarecedor y ensanchador del corazón.

Por consiguiente, podemos entrar gozosa y fácilmente en una experiencia con los ángeles cada vez que queramos. Dios nos ha dado ricos e inspirados mensajes en las Escrituras que nos guían a la esencia de todo lo que tiene que ver con los ángeles. El Libro de Dios es el apasionante lugar donde podemos, con toda confianza, informarnos de quiénes son ellos. Podemos verlos, oírlos y observarlos trabajar, y asimismo descubrir todo lo que pueden enseñarnos sus ejemplos. Por medio de un estudio cuidadoso, cualquier persona que busque verdaderamente al Señor con un corazón bueno y sincero podrá encontrar estas riquezas.

Sin embargo, a pesar de todo lo que nos dicen las Escrituras acerca de los ángeles, el estudiante serio de la Biblia tendrá pronto la sensación de que Dios ha sido reservado en lo que ha revelado. Todo lo que Biblia dice en relación con los ángeles está conectado con algo más que es el tema principal. No hay ninguna página o pasaje de la Escritura cuyo propósito central sea formular una doctrina acerca de los ángeles. Por eso, no podemos descubrir tanto sobre ellos como nos gustaría. Lamentablemente, quienes no entienden o no valoran la sabiduría y la autoridad de la Biblia se han apresurado tratando de llenar todas las lagunas con suposiciones fantasiosas. Tenemos que intentar saber todo lo que Dios ha determinado revelarnos sobre los ángeles, y saber contentarnos con dejar las cosas hasta donde Él decidió revelar, pues algún día entenderemos más; pero si usted intenta cruzar esa línea ahora, podría terminar haciéndose daño a sí mismo. Es como el conocimiento que tenemos del cielo. Realmente, no sabemos mucho del mismo. El punto fundamental es que el cielo es donde está Dios; eso es todo lo que debe ser importante. El escritor del Salmo 73 muestra el espíritu correcto cuando dice a Dios: "¿A quién tengo yo en los cielos sino a ti? Y fuera de ti nada deseo en la tierra". Aparte de Dios, no hay nada en la tierra ni el cielo, ni siquiera los ángeles, que pueda dar a nuestra alma satisfacción verdadera.

Por tanto, asegúrese de que sea Dios quien establezca su agenda, cualquiera que sea el conocimiento que usted busque. Juan Calvino lo expresó de esta manera cuando inició su estudio sobre los ángeles:

> Recordemos aquí que en todo el tema de la religión, hay que observar una regla de modestia y sobriedad, y es ésta: Que en los asuntos que no estén claros, no hay que hablar o pensar, o ni siquiera anhelar conocer más de lo que la Palabra de Dios ha dicho.

Entonces, ¿qué nos dice la Palabra de Dios sobre los ángeles? ¿Cuánto realmente quiere Dios que entendamos sobre este misterioso tema? Exploremos juntos las respuestas.

Los ángeles, usted y yo

Pero antes de seguir adelante, regrese conmigo a ese día de otoño cuando me enteré de que tenía cáncer. Yo nunca vi ni oí a un ángel en la habitación conmigo, por mucho que eso pudiera haberme alentado en ese momento. Pero sí sentía la presencia de Dios. ¿Y quién puede decir que ver a un ángel habría sido mejor que eso?

Las dos veces que fui a cirugía, sentí una paz en mi corazón que había nacido de mi relación con Dios. Al volver la mirada a esos meses, me pregunto qué pudiera haber añadido la presencia de un ángel a esa paz —excepto, quizá, otro signo de exclamación a mi convicción de que Dios estaba allí, cuidando de mí.

Por eso, cuando pienso en por qué algunas personas ven ángeles y otras no, me pregunto si Dios nos niega la visión de ángeles a la mayoría de nosotros para que entendamos dónde debe estar puesta realmente nuestra confianza, y dónde verdaderamente debemos centrar nuestra atención. Quizá no necesitemos de todas las sensaciones y emociones por las que claman tantas personas. Por más maravillosa que pueda ser la presencia de un ángel, Dios nos ha dado algo mejor. En efecto, nos ha dado el regalo más estupendo de todos: su presencia por medio de su Espíritu Santo y de su Palabra.

Tal vez, incluso, sea posible que la falta de una manifestación angelical en mi vida sea un cumplido indirecto. Dios puede estarme diciendo: "Jeremiah, tú no necesitas un ángel. Estarás bien. Tú sabes quién eres, y Quién está contigo, y eso es suficiente por ahora". Si un ángel nunca se ha dado a conocer a usted tampoco, tal vez pueda tomar eso como una afirmación de Dios de su confianza en Él. Y si algún día en el futuro Dios considera prudente y bueno enviarnos un ángel a usted o a mí, estoy seguro de que Él lo hará. Yo no tengo una obsesión por los ángeles, pero estoy más convencido que nunca de que ellos están mucho más involucrados en nuestro mundo de lo que la mayoría de nosotros nos damos cuenta. Creo que ellos, sin duda, intervienen efectivamente aquí, tanto de manera visible como invisible. Por otra parte, si alguna vez viéramos a un ángel antes de ser llevados a nuestro hogar celestial, habría un gran valor en explorar lo que Dios querría decirnos sobre ellos. Como nos recuerda C. F. Dickason en su manual bíblico *Angels Elect and Evil*:

> Aunque la angelología no es una doctrina cardinal, su aceptación abre la mente a una mejor comprensión de la Biblia, del plan de Dios acerca de las edades, de la vida y del ministerio cristiano, así como de las condiciones del mundo y del curso de los asuntos mundiales.

Si el estudio de este tema se parece al impacto que ya ha tenido en mí, su mente y su corazón se abrirán pronto a creer en una serie de cosas de las cuales es posible que nunca se haya dado cuenta antes. Hay mucho más acerca de este "extraño" tema de los ángeles de lo que podemos imaginar. Una vez que investiguemos honestamente las cosas asombrosas que nos dice la Escritura acerca de ellos, nos encontraremos realmente más atraídos a Dios en vez de ser distraídos y alejados de Él. Cualquier persona que haga un estudio de los ángeles con un elevado sentir de Dios, saldrá después con un sentir aún más elevado. Este, de hecho, es el único objetivo adecuado en un estudio de los ángeles: que uno pueda acercarse más a Dios. Si usted hace un estudio sobre los ángeles y el resultado es cualquier cosa, menos eso; si solo logra tener un archivo de información acerca de los ángeles o desarrollar una fascinación por ellos, o incluso una supuesta relación con uno, pero no ha encontrado al menos un impulso hacia una humilde sumisión al Dios Todopoderoso; no ha entendido absolutamente nada acerca de los ángeles.

Capítulo 2

En Presencia de los Ángeles – Parte I

DE VERDAD, cree usted en los ángeles?

Walt Shepard sí. Su historia sobre un ángel es una de mis favoritas entre los centenares de historias sobre los ángeles que he leído.

Walt estaba deprimido por una relación rota, y estaba dispuesto a acabar con su vida. En las horas previas al amanecer de un domingo, aceleró su auto deportivo Sunbeam a 120 millas por hora en la Interestatal 10, al norte de Nueva Orleans. Más adelante, en el lado de la carretera, vio lo que parecía ser un coche abandonado. Aquí estaba su oportunidad, determinó. Chocó contra la parte trasera del auto estacionado. Hubo una explosión, y ambos vehículos estallaron en llamas. El gerente de un motel cercano escuchó el impacto y llamó a los organismos de auxilio.

Walt había sido arrojado a través del parabrisas y estaba tirado sobre el motor destrozado y atrapado por el capó machacado. Estaba rodeado por el fuego. Había perdido el conocimiento. La patrulla de carreteras llegó rápidamente, pero el fuego era tan intenso que los oficiales tuvieron que mantenerse a cincuenta pies del destrozo.

Asombrado, el gerente del hotel vio de repente a dos figuras que se acercaron al coche sin vacilación. Sacaron a Walt de las llamas, y luego ayudaron a un equipo de rescate a ponerlo en una ambulancia. La ambulancia se alejó velozmente. Los oficiales quisieron entrevistar al par de desconocidos auxiliadores para averiguar más sobre el accidente y escribir un informe contra Walt por manejo imprudente. Pero no había otros vehículos estacionados cerca; los dos desconocidos habían desaparecido misteriosamente.

Walt comenzó varios meses de dolorosa recuperación. Luchaba con la amargura y la ira. Pero comenzó a reflexionar sobre su crianza como hijo de misioneros presbiterianos. Un día decidió orar. Estaba con una férula de yeso y no podía ponerse de rodillas. Pero se dio la vuelta en la cama y miró hacia la pared. Le dijo al Señor: "No puedo más. Necesito tu perdón... Entra en mi vida, y límpiame". A la mañana siguiente se despertó, después de haber tenido la mejor noche de descanso que podía recordar desde hacía cinco años. Mientras tanto, su padre había hablado con los testigos del rescate de su hijo. Coincidieron en que dos figuras no identificadas se habían acercado atrevidamente al auto como si no hubiera ningún fuego en absoluto. El rescate mantenía desconcertada a la policía. Poco tiempo después de que Walt hiciera su oración, estaba hablando con su padre acerca de las inusuales circunstancias del accidente. Su padre sugirió una explicación sobrenatural. "Hijo, creo que fuiste salvado por dos ángeles", dijo, "para que tuvieras la oportunidad de hacer lo que hiciste esta semana, para poner a cuentas tu vida con Dios".

Al principio, Walt se mostró escéptico. Pero ahora, después de pasar de la juventud a la edad madura, afirma: "Creo que los ángeles son simplemente parte de la manera como Dios actúa con nosotros. Es increíble, pero creo que fueron ángeles quienes me rescataron del fuego esa mañana. Y creo también que ellos no han dejado de trabajar".

¿Cree usted en la historia de Walt Shepard? Yo no puedo verificarla, pero en mi opinión, su relato se adapta al contexto de todo lo que nos dice la Biblia que pueden hacer —y que harán— los ángeles. La historia de Walt es sólida, porque tiene el enfoque correcto. Da la gloria a Dios —como hacen los ángeles— y atribuye a Dios la utilización de ángeles para ayudar a traer salvación, por medio de Jesucristo, al alma de una persona.

Una cuestión resuelta

Algunas personas pueden criticarle por creer en la existencia de los ángeles, o incluso por expresar interés en ellos. Tal vez ya ha conocido a críticos así. Pero no deje que ellos le preocupen. Más son los que piensan como usted.

En las Escrituras, desde Génesis hasta Apocalipsis, la existencia de los ángeles simplemente se da por sentada. La Biblia contiene más de trescientas referencias directas a ellos. La misma creencia sobre la realidad de los ángeles ha estado siempre presente a lo largo de toda nuestra civilización. "No hay nada antinatural o contrario a la razón" sobre la creencia en los ángeles", escribió J. M. Wilson a principios del siglo pasado. "De hecho, la cálida bienvenida que la naturaleza humana ha dado siempre a esta idea es un argumento a su favor. ¿Por qué no podría haber un orden de tales seres...?" En 1952, el consejo editorial de la clásica serie *Grandes Libros del Mundo Occidental* incluyó a los "Ángeles" como uno de los 102 temas e ideas más importantes que los famosos autores de estos grandes libros han discutido a través de los siglos. A lo largo de toda la historia, el escepticismo acerca de los ángeles ha sido el punto de vista minoritario, aunque comenzó a aumentar cuando la fe en la ciencia sustituyó la fe en Dios.

Quienes tienen dudas pueden correr el riesgo de sufrir la misma suerte que los saduceos, el único grupo de personas identificadas en la Biblia como no creyentes en la realidad de los ángeles (Hechos 23.8). Tal "crasa ignorancia", como la llamaba Juan Calvino, era un punto que ponía incluso a los hipócritas fariseos por delante de ellos. Los saduceos desaparecieron de la historia sin dejar rastro antes de que terminara el primer siglo, aunque en los días de Jesús eran los judíos más poderosos de Israel. Controlaban tanto el sumo sacerdocio como el Sanedrín, el consejo de gobierno judío. Eran aristocráticos, pragmáticos y arrogantes; todo un contraste con la fe de un niño que cree tan fácilmente en los ángeles.

Es muy satisfactorio ver en Hechos 5 cómo Dios decidió frustrar a los saduceos cuando decidieron tomar medidas contra sus apóstoles. Después de ver a los apóstoles sanar a los enfermos y proclamar poderosamente el evangelio, leemos en Hechos 5:17, 18 que "el sumo sacerdote y todos los que estaban con él, esto es, la secta de los saduceos, se llenaron de celos; y echaron mano a los apóstoles y los pusieron en la cárcel pública". Ahora bien, el método escogido por Dios para corregir esta injusticia se da a conocer en los versículos 19-21:

> Mas *un ángel del Señor*, abriendo de noche las puertas de la cárcel y sacándolos, dijo: Id, y puestos en pie en el templo, anunciad al pueblo todas las palabras de esta vida. Habiendo oído esto, entraron de mañana en el templo, y enseñaban.

Los apóstoles bien pueden haber contenido unas cuantas risas poco después de este episodio, cuando fueron mandados a llamar una vez más por esa gente que no creía en la existencia los ángeles. Los poderosos saduceos rechazaban a los ángeles, y quedarían borrados de la historia en una generación; los arrestados apóstoles simplemente obedecieron el mensaje de Dios entregado por un ángel, y cambiarían el curso de la historia para siempre.

Una escena igualmente irónica pero más dolorosa de los endurecidos saduceos vendría más adelante en Hechos, cuando Esteban fue arrastrado ante el sanedrín dominado por lo saduceos. Esteban, "un hombre lleno de la gracia y del poder de Dios" (6:8 NVI), había sido acusado falsamente de blasfemia. En su juicio, "todos los que estaban sentados en el concilio, al fijar los ojos en él, vieron su rostro como el rostro de un ángel" (6:15). Pero su aspecto angelical no fue suficiente para evitar que los cegados saduceos apedrearan a Esteban hasta la muerte.

Una última palabra antes de dejar definitivamente la fundamental pero fácilmente respondida cuestión acerca de si los ángeles existen. J. M. Wilson lo dice bien:

> Para el cristiano, toda la cuestión se convierte en el peso que debe darse a las palabras de nuestro Señor. Todos estamos de acuerdo en que Él enseña la existencia, la realidad y la actividad de los seres angelicales… Tenemos la garantía de la palabra de Cristo a favor de la existencia de los ángeles; para la mayoría de los cristianos, eso le pondrá fin a la cuestión.

Sí. Para usted, para mí, y para nuestros hermanos y nuestras hermanas que obedecen a Cristo —ya que reconocemos el señorío de Jesús y la "garantía de la palabra de Cristo"—, la cuestión ya está resuelta. Para el resto, las dudas seguramente se evaporarán "cuando el Hijo del Hombre venga en su gloria, y todos los santos ángeles con él, entonces se sentará en su trono de gloria" (Mateo 25:31).

No hay otra opción

De acuerdo, pueden responder nuestros críticos, los ángeles existen. Pero ¿por qué debería interesarnos eso a nosotros? Hay algunos, por ejemplo, que asumen que hoy día no hay una actividad angelical en la tierra, ya que vivimos en la era del Espíritu Santo. Pero un vistazo rápido a Hechos 8 debe responder a su objeción. Notemos quién ayuda y guía a Felipe en una misión para salvar vidas. Primero leemos: "Un ángel del Señor habló a Felipe, diciendo: Levántate y ve hacia el sur, por el camino que desciende de Jerusalén a Gaza, el cual es desierto. Entonces él se levantó y fue" (8:26, 27).

En ese camino desértico, Felipe vio a alguien que viajaba en un carruaje, y leía un libro. Felipe estaba listo para recibir más orientación de Dios. ¿Volvería a aparecer el ángel? No. Ahora leemos: "El Espíritu le dijo a Felipe: Acércate y júntate a ese carro. Felipe se acercó..." (8:29, 30 NVI). Aquí vemos al Espíritu Santo y a un ángel trabajando juntos, y a Felipe respondiendo correctamente, tal como lo habían hecho antes los apóstoles arrestados. El resultado para Felipe fue el privilegio de dirigir al viajero del carruaje (un dignatario visitante de Etiopía) a la salvación.

Tal vez el Espíritu mismo dirigió al ángel en esa ocasión. Sabemos que Dios Padre manda a los ángeles, y también vemos en las Escrituras que su Hijo Jesús puede hacerlo. Cuando enfrentaba el arresto, Jesús afirmó que con solo decir la palabra, su Padre "al instante pondría a mi disposición más de doce batallones de ángeles" (Mateo 26.53 NVI). Antes de que Jesús ascendiera, dijo a sus discípulos: "Toda potestad me es dada en el cielo y en la tierra" (28:18), por supuesto que su autoridad en el cielo incluye la autoridad sobre los ángeles.

Por tanto, si Dios puede dirigir a los ángeles, y Jesús puede dirigir a los ángeles, es fácil creer que la tercera persona de la Trinidad también puede hacerlo. El Espíritu Santo es Dios eterno, no simplemente un sustituto hoy día de los ángeles. Y no veo en absoluto ninguna indicación clara en la Escritura de que la actividad angelical disminuirá o cesará en este día, el tiempo en que Jesucristo está edificando su iglesia por medio del poder del Espíritu Santo.

Por otra parte, actualmente otros críticos aceptan la posibilidad de la actividad angelical, pero no creen que el tema sea digno de un estudio detenido. Sí, los ángeles están por alguna parte, dicen estas personas, y todos podemos ser gratamente impresionados por ellos cuando lleguemos al cielo y los veamos realmente. Pero, ¿por qué molestarse ahora por examinar lo que dice la Biblia sobre ellos? Porque, a fin de cuentas, Dios no nos deja otra opción. Como dice el teólogo M. J. Erickson:

> La enseñanza de la Escritura es que Dios ha creado estos seres espirituales, y que ha decidido realizar muchas de sus actividades por medio de ellos. Por consiguiente, si queremos ser fieles estudiantes de la Biblia, no tenemos más opción que hablar de estos seres. Corremos el riesgo de insultar a Dios si no estamos verdaderamente abiertos para apreciar cada cosa que Él ha hecho, incluyendo a los ángeles, y también para aprender acerca de Dios todo lo que Él ha hecho, incluyendo, quizá de un manera especial, a los ángeles.

"Si deseamos conocer a Dios por sus obras", escribió Calvino, "es evidente que no podemos pasar por alto a esta noble y gloriosa creación".

El gran himno de Stuart K. Hines capta la perspectiva correcta:

> *Señor, mi Dios, al contemplar los cielos,*
> *el firmamento y las estrellas mil;*
> *al oír tu voz en los potentes truenos*
> *y ver brillar el sol en su cenit:*
> *Mi corazón entona la canción,*
> *¡Cuán grande es él! ¡Cuán grande es él!*

La contemplación acentuada de las maravillas de Dios en estas frases, bien podría perfectamente describir el ánimo de una persona después de haber hecho una verdadera exploración bíblica de los ángeles.

Pero basta de hablar de la contemplación de la maravilla, dirían algunos. ¿Qué hay de valor práctico en esa contemplación? Esta es probablemente la objeción más arraigada para no ocuparse del estudio de los ángeles. Siempre fiel al acecho de ser el número uno, nuestro espíritu realista demanda: ¿Qué hay en eso para mí? Bueno, hay bastante, como lo veremos. La convicción de A. C. Gaebelein en *Los ángeles de Dios* muestra el camino a seguir:

> Como toda verdad, la verdad de los ángeles de Dios —de su presencia en la Tierra y de sus compasivos ministerios— tiene un valor práctico. Cuando tenemos conciencia por la fe… de que nos están observando; listos para caminar con nosotros cuando andamos con el Señor en sus caminos; listos para servirnos a nosotros como nosotros le servimos a Él; y listos para protegernos y ayudarnos de cien maneras diferentes, un sentimiento solemne se hará realidad en nuestras vidas. Sin duda alguna, andaremos dulcemente en la presencia del Señor y de sus santos ángeles… Por consiguiente, esta verdad nos ayudará a tener una vida de santidad.

Finalmente, hay otro punto importante en cuanto a por qué hacer un estudio sobre los ángeles antes de seguir paladeando las riquezas. Es un punto que es más cierto hoy que ayer, y que mañana será más cierto que hoy. La mayoría de los cristianos coinciden en que la actividad demoníaca se incrementará a medida que nos acerquemos a los últimos días. Es un punto de vista basado no solo en la simple observación de hacia dónde va el mundo, sino que también lo dice la Escritura. "Pero el Espíritu dice claramente", nos recuerda Pablo en 1 Timoteo 4.1, "que en los postreros tiempos algunos apostatarán de la fe, escuchando a espíritus engañadores y a doctrinas de demonios".

Aquí, en el ministerio de ayuda espiritual de nuestra propia iglesia, hemos visto mucho de esto. Después de examinar algunos de los poderosos y misteriosos trastornos que manifiestan las personas, nos miramos unos a otros, y decimos: "Aquí está pasando algo que no es humano". Y esto también es cierto para el ministerio cristiano en todo el mundo. Hemos visto y probablemente seguiremos viendo ataques más grandes de las fuerzas de la maldad espiritual. Por eso me pregunto: ¿No es razonable esperar que, a medida que aumenta la actividad demoníaca, mientras se acerca el día del regreso del Señor, la actividad angelical también aumente? Esto tiene sentido. Como dice Billy Graham: "Dios sigue en actividad todavía".

Guerreros e instrumentos de ira

Así que, aférrese al libro de Dios y demos un paseo, un viaje a la velocidad de la luz celestial por las edades y las páginas de la Escritura. Tenemos una guía que va con nosotros, tanto para pilotar nuestra nave invisible como para explicar las cosas a lo largo del camino. Él es un extraño, pero parece una persona bastante agradable. Con voz alegre nos dice que vamos a estar observando a los ángeles en actividad. "Pongan todo lo demás fuera de sus mentes", dice, "utilicen todos su poder mental para captar la impresión más clara de lo que los ángeles hacen, y de cómo lo hacen. Vamos a dar varias vueltas por el territorio, y cada vez nuestra perspectiva cambiará un poco; así que hay algo nuevo que aprender en cada vuelta".

Parece que será un viaje interesante.

"¿Listos?", dice.

"¡Sí, vámonos!", decimos nosotros.

Nuestra primera parada es en la puerta oriental del huerto del Edén. Nuestro guía nos dice que esta es el primer vistazo en la Escritura de criaturas angelicales. No es de ninguna manera una escena apacible y agradable. Lo que más capta primero nuestra atención es una espada flameante que se revuelve hacia atrás y hacia adelante. Estos seres celestiales son soldados armados puestos aquí por el Espíritu de Dios, porque su santa creación ha sido contaminada por el pecado de Adán y Eva. La misión de los soldados es: "Guardar el camino del árbol de la vida". Podemos decir que ellos no se andan con rodeos. No tenemos ninguna intención de ni siquiera dar una mirada a hurtadillas sobre sus hombros para ver el árbol. (Génesis 3:24)

Ahora nos alejamos hacia adelante a través de los siglos. Miramos abajo una pequeña ciudad sobre la cima de una colina. Esta es Jerusalén, la ciudad de David. Entre las construcciones más grandes de la ciudad vemos una figura arrodillada en la calle, mirando hacia el cielo. "Sí", nos dice nuestro guía, "ese es David mismo". Nuestros ojos parpadean al captar un movimiento en las nubes arriba. Nos volvemos para ver lo que David mira. Nos quedamos boquiabiertos, subyugados por lo que sentimos y vemos, algo que las palabras no pueden describir completamente: el ángel del Señor está allí. De inmediato se nos da discernimiento para entender la situación. En la mano del ángel está una espada que sostiene el poder de la plaga. Hoy, en toda la tierra de Israel, la enfermedad de esa espada ya ha matado a setenta mil personas.

Ahora el ángel extiende su mano sobre Jerusalén. La espada está lista para atacar.

Abajo, en la calle, una voz grita. David confiesa agonizando: "¡Yo soy quien pecó!"

Otra voz grita como un trueno, por encima del ángel: "¡Basta! Detén tu mano". El ángel pone la espada en su vaina. (2 Samuel 24:15-17; 1 Crónicas 21:14-17)

Nos movemos hacia adelante de nuevo a través del tiempo a una escena diferente. Ahora vemos más soldados (soldados humanos) concentrados como un ejército, incontables miles y miles. Fuera de las puertas de Jerusalén, su campamento se extiende hasta donde podemos ver con la luz del crepúsculo. Estos son asirios, leyendas vivientes por su destreza en la batalla y por su crueldad como conquistadores.

Llega la noche. Con el tiempo, las fogatas y las voces de jactancia se apagan. El vasto campamento se tranquiliza. Los soldados duermen, descansando para el trabajo de mañana de hacer la guerra contra la ciudad sitiada.

La oscuridad aumenta. De repente, miramos hacia arriba y nos encogemos de terror. Ahí está de nuevo, el ángel del Señor, que viene a matar. Cumple su misión en solo un momento. Luego el ángel se marcha. Nosotros nos quedamos observando. El campamento está envuelto en la tranquilidad, como antes, solo que ahora más. La primera tonalidad grisácea del amanecer dibuja una línea débil en el cielo detrás de la ciudad. Pero el campamento no despierta todavía. La luz se hace mayor, sin revelar nada en el extenso campamento de los asirios, excepto cadáveres. El número de ellos es más que los muertos de Hiroshima y Nagasaki combinadas. En una sola noche, un ángel mató a ciento ochenta y cinco mil asirios. (2 Reyes 19:35; 2 Crónicas 32:21; Isaías 37:36)

Nos adelantamos de nuevo, setecientos años. Vemos otro rey sobre Israel. Viste ropas espléndidas, y está sentado sobre un trono mientras se dirige a una multitud embelesada. La gente grita: "¡Esta es la voz de un dios, no la de un hombre! ¡Viva el rey dios Herodes!" La cara regordeta de Herodes se ilumina. Extiende las abiertas y carnosas palmas de sus manos para reconocer la aclamación. Él no ve lo que nosotros vemos: un ángel del Señor se para de repente detrás del trono y toca el cuerpo del rey. La sonrisa de Herodes disminuye.

Se dobla por el dolor. Siente algo, pero no sabe lo que está sucediendo: Los gusanos lo están devorando por dentro. (Hechos 12:21-23)

Seguimos avanzando más y más, para ver un violento campo de batalla. El tiempo y la escena son confusos (estamos más allá de la Tierra y del tiempo terrenal). La feroz y ensordecedora intensidad de la batalla está más allá de cualquier cosa que hayamos imaginado o que pudiéramos jamás explicar. De hecho, podemos soportar apenas un momento de ella antes de que la imagen desaparezca. Pero recordamos lo que vimos: "Se desató entonces una guerra en el cielo: Miguel y sus ángeles combatieron al dragón; éste y sus ángeles, a su vez, les hicieron frente". (Apocalipsis 12:7 NVI)

Las siguientes escenas en nuestro viaje son destellos fugaces hacia el futuro. Son como llamaradas de apenas un segundo o menos a nuestra vista. Después que la última imagen se ha disuelto, luchamos por expresar con palabras lo que vimos y percibimos.

En primer lugar, cuatro ángeles estaban de pie en la orilla del río y "fueron desatados, a fin de matar a la tercera parte de la gente".

Luego aparecieron siete ángeles a quienes se les dieron "siete copas de oro, llenas de la ira de Dios".

Después siguieron de inmediato siete escenas más. En cada breve imagen, uno de los siete ángeles ángel derramó su copa sobre un mundo en rebelión contra Dios. Al instante, se produjo el desastre. Temblamos al ver desatado el poder del ángel: "Vino una úlcera maligna y pestilente sobre la gente". "Murió todo ser viviente que había en el mar". "Los ríos y los manantiales... se convirtieron en sangre". "Al sol se le permitió quemar con fuego a la gente". Había oscuridad. Había sequía. Hubo un terremoto más poderoso que cualquier otro en la historia, y una tormenta de granizos de casi cuarenta kilos cada uno". (Apocalipsis 9:14-15; 15:1, 6; 16:1-21)

Y ahora otra escena. Esta permanece en nuestra vista por un tiempo más largo. Miramos hacia arriba. De un brillo dorado que sabemos que es el cielo, un ángel desciende rápidamente. En una mano sostiene una llave enorme. En la otra, una cadena gigantesca. Lleva la cadena fácilmente, pero parece que debe pesar toneladas.

Ahora vemos hacía dónde se dirige el ángel. Abajo, un dragón serpentino da latigazos, respirando fuego y furia. De no haber sido por la presencia del ángel que descendía, habríamos gritado aterrorizados, porque el dragón es Satanás dejando ver todo su crudo y horrible poder.

El ángel se acerca. Con una sola mano encadena de inmediato al dragón. Satanás queda paralizado, impotente ante él. Utilizando todavía una sola mano, el ángel da varias vueltas a la cadena alrededor del dragón. La poderosa cadena parece no tener fin, sino hasta que el ángel hace exactamente mil lazos y asegura el último de ellos.

Ahora el ángel pone la llave en la tierra. Esta se raja completamente y se abre un profundo abismo. Con la mano libre el ángel toma al dragón atado y lo lanza en la oscuridad sin fondo. (Apocalipsis 20:1-3)

Esta imagen final se desvanece en medio del silencio. Nuestro guía nos dice que la primera etapa de nuestro viaje ha terminado. Nos decimos seriamente unos a otros que todo esto ha hecho algo a nuestra perspectiva de los ángeles. Para siempre en nuestra mente quedan divorciados de cualquier credibilidad los pensamientos de regordetes bebés "querubines" o de damas pálidas con alas transparentes y brillantes en nuestras tarjetas de Navidad.

No, los ángeles verdaderos han sido, son y serán siempre guerreros impresionantes de Dios, instrumentos de su ira y de su poder. No nos extrañe en lo más mínimo por qué las personas de la Biblia que vieron ángeles se llenaron siempre de terror al verlos.

Aguardamos con interés lo que descubriremos en el siguiente tramo de nuestro viaje.

Capítulo 3

EN PRESENCIA DE LOS ÁNGELES – Parte II

NUESTROS CORAZONES siguen estremecidos, pero nuestro guía dice que es hora de seguir adelante.

Corremos de prisa a otra escena de siglos pasados. No muy lejos vemos una ciudad amurallada salpicada de palmeras, Jericó. A cierta distancia fuera de la ciudad, un hombre se agacha detrás de unas rocas y unos arbustos. Se mantiene oculto de los vigilantes que están en los muros, mientras se acerca cada vez más. Se trata de Josué, explorando el escenario para la batalla que espera en breve entre los defensores de Jericó y el ejército de Israel que está acampado cerca. Pero él no está solo. Otro guerrero llegó aquí primero. Mientras Josué separa unas ramas para pasar a través de un montón de arbustos, ve al hombre y se detiene en seco. Es demasiado tarde para regresarse sin ser detectado. El guerrero lo está mirando directamente a él, con una espada desenvainada en su mano.

Josué se acerca valientemente. Planta sus pies a solo cinco pasos del guerrero. La mano de Josué descansa sobre la empuñadura de su espada. Por alguna razón, tiene la seguridad de que este hombre conoce su identidad. Pero Josué está lleno de una extraña incertidumbre en cuanto al hombre. Josué va al grano: "¿Eres de los nuestros, o de nuestros enemigos?" "De ninguno", responde el guerrero. "Me presento ante ti como el comandante del ejército del Señor". Josué entendió de inmediato lo que aquel hombre quiso decir. Este es el capitán de la hueste de ángeles del Señor, el santo ejército cuyo servicio trasciende a cualquier lealtad terrenal, incluso a Israel. Una sensación de temor mezclada con esperanza surge en él. ¿Los ángeles de Dios lucharán a favor de Israel contra Jericó?

Josué se postra, y con su rostro en tierra le pide un mensaje del Señor.

"Quita las sandalias de tus pies", dice el comandante, "porque el lugar que pisas es sagrado". Josué le obedeció.

"Jericó es entregada en sus manos", sigue diciendo el comandante. Luego describe paso a paso lo que Josué y los ejércitos de Israel deben hacer para llevar a cabo la victoria que Dios ya ha decretado. (Josué 5:13–6:5).

Seguimos adelante de nuevo. Siglos más tarde, estamos en un abrupto territorio boscoso en el sur de Judá. Prácticamente escondida en una colina se encuentra una cueva. En su entrada, y muy adentro en su interior, como lo revelará después la luz de la tarde, podemos ver a algunos hombres, son del bando de David. Algunos de ellos montan guardia, pero la mayoría descansa de su última escapada de los soldados del rey Saúl. Ellos están cansados, pero agradecidos por estar a salvo.

David sale de las profundidades de la cueva. Los pocos hombres que están afuera lo saludan y le dan palmaditas en el hombro. David ríe con ellos, y después se pasea por la colina a través de los árboles a un lugar donde pueda estar a solas. Lleva una sencilla arpa, y se sienta junto a un pequeño arroyo al pie de la colina. Permanece en silencio durante largo tiempo mientras mira el agua que gotea de los árboles, y cómo estos son sacudidos por el viento, y a las nubes. A veces, inclina la cabeza y cierra los ojos. Nosotros sentimos que hay una presencia divina en torno a este hombre. Con silencioso respeto, casi no nos atrevemos a respirar mientras lo observamos.

Finalmente, David toma su arpa y sus dedos pulsan una melodía. Con su voz fuerte y agradable comienza a entonar una nueva canción. Canta alabanzas y acciones de gracias. Y atestigua su fe en la protección de Dios: "El ángel del Señor acampa alrededor de los que le temen, y los defiende". Con una sonrisa, David mira a uno y otro lado, confiando en la presencia invisible del ángel. Después canta otra vez su nueva canción. (Salmo 34:7).

Seguimos adelante, y ahora estamos a quinientos años más tarde, y a quinientas millas de distancia. Nos encontramos en Babilonia, donde el pueblo judío ha sido llevado cautivo. El rey Nabucodonosor está sentado sobre un trono portátil puesto cerca de un horno enorme, construido para realizar ejecuciones. En la parte de abajo del gigantesco horno hay una puerta, en la cual se ha tallado una ventana de grueso vidrio fenicio. El trono está colocado de manera que el rey puede mirar a través del vidrio y ver las llamas torturando a los delincuentes que él ha condenado.

De repente, el rey se pone de pie de un salto, con el brazo extendido y apuntando hacia algo. Tres judíos que se negaron a inclinarse para adorar a Nabucodonosor habían sido lanzados a las llamas desde la parte superior de la torre. Pero ahora el rey no ve a tres figuras sino a cuatro. Todos están tranquilamente de pie en medio de las llamas, sin sufrir ningún daño. Y la cuarta figura está rodeada de una blancura que brilla aún más que las llamas. ¡Parece un ser del cielo! Y sus brazos se extienden para abrazar a los otros.

El rey ordena que se abra la puerta del horno, y grita hacia adentro: "Sadrac, Mesac y Abed-nego, siervos del Dios Altísimo, ¡salid!" Ellos lo hacen. Tan pronto como sale el tercero de los hombres, la cuarta figura que estaba adentro desaparece. Sadrac, Mesac y

Abed-nego avanzan y se ponen de pie delante del trono del rey. Las cuerdas con las que fueron atados se han quemado, y nada más de ellos quedó adentro, ni siquiera olía a humo. Nabucodonosor da un paso hacia ellos, se pone de rodillas, y exclama: "Alabado sea el Dios de Sadrac, Mesac y Abed-nego, que envió a su ángel para salvar a sus siervos". (Daniel 3:13-30)

Seguimos adelante a otro día, bajo otro rey en Babilonia. En las primeras luces del alba, el rey Darío se apresura a ir al gran encierro de piedra y hierro donde se guarda a los leones de Babilonia. Ordena a su servidor que haga retroceder la piedra que está puesta en la entrada del foso de los leones. Antes de que la piedra sea retrocedida a medias, Darío se precipita hacia adelante y agarra con fuerza las barras de hierro de la puerta enrejada. "Daniel", exclama, "¿pudo tu Dios, a quien siempre sirves, salvarte de los leones?" Desde la oscuridad del foso se oye la voz tranquila y confiada de ese hombre con un saludo para el rey. Y añade: "Sí, mi Dios envió a su ángel y les cerró la boca los leones". (Daniel 6:19-22)

Seguimos avanzando, y vemos ahora otra puerta con barras de hierro, una puerta que conduce a la celda de una prisión en Jerusalén. Tras la luz vacilante de una antorcha cercana vemos al apóstol Pedro durmiendo entre dos soldados. Cada uno de sus brazos está atado por una cadena diferente. De repente, la celda se llena de luz. Un ángel del Señor está allí, pero ni Pedro ni los soldados se mueven de su sueño. El ángel extiende la mano y da un buen golpe al costado de Pedro. Las cadenas caen ruidosamente de las muñecas de Pedro al piso. Los ojos de Pedro se abren lentamente, pero nos sorprende ver que los guardias siguen durmiendo.

"¡Levántate! "Y vístete", le ordena en voz alta el ángel a Pedro. Él obedece, y sigue silenciosamente al ángel fuera de la celda, pasando frente a los dos pares de guardias, pero todavía parece medio dormido. La última puerta de hierro que separa a la prisión de las calles de la ciudad se abre por sí misma. Pedro y el ángel salen caminando por ella. El aire frío de la noche es vigorizante. Los ojos de Pedro se abren completamente. Sin decir una palabra, caminan lado a lado hasta el final de la calle. Pedro se voltea para mirar la calle aledaña que conduce a la casa en la que vio por última vez a sus amigos y condiscípulos, antes de ser llevado a la cárcel.

Luego se da vuelta otra vez, pero ahora está solo. Su acompañante ya no está.

En la calle desierta, y bajo las estrellas que brillan en la oscuridad, Pedro dice en voz alta: "El Señor ha enviado su ángel para librarme". (Hechos 12:11)

La segunda parte de nuestro viaje ha terminado, anuncia nuestro guía. Hemos sido inspirados y alentados al ver cómo Dios envía a sus ángeles para librar, proteger y defender a su pueblo. Sonreímos y decimos que ya esperamos dormir más profundamente esta noche.

"Pero primero", dice nuestro guía, "todavía hay mucho más por ver y escuchar. En realidad, en esta próxima etapa del viaje, sus oídos serán de más valor que sus ojos".

Dirección de parte de Dios

El viaje se vuelve ahora más rápido. Estamos en un camino desértico cerca de un manantial donde una mujer se arrodilla para beber agua. De repente, vemos que un ángel se acerca por la carretera.

"Agar, sierva de Sarai", le dice, "¿de dónde vienes tú, y a dónde vas?"

Agar levanta la mirada. "Huyo de delante de Sarai mi señora", contesta ella.

"Vuélvete a tu señora, y ponte sumisa bajo su mano", le ordena el ángel. (Génesis 16:7-9).

La escena cambia a una madrugada en la llanura situada al oeste del Mar Muerto. Dos ángeles salen apresuradamente por la puerta de la ciudad de Sodoma. Llevan tomados de la mano a Lot, su esposa y sus hijas, arrastrándoles. Se detienen finalmente a una distancia prudencial de la puerta, sueltan las manos de Lot y de su familia. "¡Escapen por sus vidas!", ordena uno de los ángeles. "¡No miren hacia atrás, y no se detengan en ninguna parte del valle! Huyan hacia las montañas, o perecerán". (Génesis 19.15-17).

Después vemos al pastor Jacob dormido en la tierra de los orientales, donde trabaja para su suegro. Podemos mirar dentro del sueño de Jacob. El ángel de Dios le dice: "Vete ahora de esta tierra, y vuelve a tu tierra de origen". (Génesis 31:10-13)

Ahora estamos sorprendidos por los truenos, el humo y los relámpagos. Estamos en el monte Sinaí con Moisés. Dios lo llama desde el trueno: "He aquí yo envío mi Ángel delante de ti para que te guarde en el camino, y te introduzca en el lugar que yo he preparado" (Éxodo 23.20, 21). Así que había que prestar atención y obedecer.

Luego estamos en un sendero entre dos viñas. El ángel del Señor está de pie con una espada desenvainada. Balaam se postra en tierra delante del ángel. La burra de Balaam, con una mirada de satisfacción en su gris y huesuda cara, está cerca. El ángel le dice a Balaam: "Ve con ellos, pero limítate a decir solo lo que yo te mande". (Números 22:22-35)

Estamos ahora sobre una colina en la cresta del monte Carmelo. Vestido con un manto de piel atado con un cinturón de cuero, el profeta Elías aguarda. Un capitán con cincuenta soldados se acerca al valle de abajo, enviado por el malvado rey Acab. Este es el tercero de los capitanes de Acab, y el tercer grupo de cincuenta hombres que llegan a este valle con la misma misión. Las dos veces anteriores le exigieron a Elías que se entregara a Acab. Cada vez, Elías hizo descender fuego que los mató a todos. El tercer capitán es más humilde. Se pone de rodillas y le dice el profeta: "Te ruego que respetes mi vida y la de estos cincuenta hombres". De inmediato, el ángel del

Señor se acerca a Elías y le dice: "Baja con él; no le tengas miedo". Elías recoge su manto, y desciende de la colina para ir con el capitán de Acab. (2 Reyes 1)

Ahora estamos en Jerusalén, una vez más, en el momento de la peste que azotó a todo el país durante el reinado de David. Estamos en la casa de un anciano que se arrodilla para orar. Es un profeta llamado Gad. Es un viejo amigo del rey; lo ayudó por primera vez hace muchos años cuando el joven David estaba huyendo de Saúl. Mientras Gad ora, el ángel del Señor se le cerca con instrucciones claras: "Dile a David que vaya y construya un altar para el Señor en la parcela de Ornán el jebuseo". El ángel se marcha, y el profeta va para encontrarse con su rey. (1 Crónicas 21:18)

Después, de noche estamos en una casa pequeña y sencilla de la ciudad de Nazaret, en Galilea. Un preocupado joven da vueltas en su cama sin poder dormir. En su sueño, un ángel del Señor se le aparece y le dice: "José, hijo de David, no temas recibir a María por esposa, porque ella ha concebido por obra del Espíritu Santo". (Mateo 1:20)

Más tarde, vemos al mismo hombre descansando tranquila y profundamente en una casa de Belén. Una vez más, en su sueño, ve y oye al ángel que le dice: "Levántate, toma al niño y a su madre, y huye a Egipto. Quédate allí hasta que yo te avise, porque Herodes va a buscar al niño para matarlo". José abre los ojos, y se pone de pie de inmediato. (Mateo 2:13)

Seguimos adelante, y nos encontramos ahora en una casa más grande y mejor amueblada. Estamos en el puerto de Cesarea, en el Mediterráneo, cuartel general de un regimiento romano que mantiene el control de Palestina. Un hombre vestido con un uniforme de centurión está orando de rodillas. De repente, un ángel, con una vestidura brillante, está de pie detrás de él en la habitación, y le dice: "¡Cornelio!"

El centurión se da vuelta, y lo mira con temor: "¿Qué es, Señor?"

"Tus oraciones y limosnas han ascendido como memorial delante de Dios", responde el ángel. "Envía, pues, ahora hombres a Jope, y haz venir a Simón, el que tiene por sobrenombre Pedro. Este posa en casa de cierto Simón curtidor, que tiene su casa junto al mar".

El ángel se marcha. Rápidamente, y con una obediencia de tipo militar a las palabras del ángel, Cornelio llama a dos de sus criados. También llama a uno de sus asistentes quien, como él, cree en Dios. Cornelio les dice todo lo que el ángel le comunicó, y envía a los tres a Jope. (Hechos 10:3-33)

Ahora vuelven los truenos. Regresamos al futuro, donde el apóstol Juan se encuentra en medio de una revelación cegadora. Ve a un ángel "envuelto en una nube, con el arco iris sobre su cabeza; y su rostro era como el sol". El ángel tiene su pie derecho plantado sobre el mar, y su izquierdo sobre la tierra. Sostiene un rollo de pergamino, que se ve muy pequeño en su enorme mano.

Juan oye una voz del cielo: "Ve y toma el librito que está abierto en la mano del ángel que está en pie sobre el mar y sobre la tierra". De alguna manera, Juan tiene la facultad de moverse y llegar hasta la mano del ángel envuelto en la nube. El ángel mira hacia abajo y le dice: "Toma, y cómelo; y te amargará el vientre, pero en tu boca será dulce como la miel". (Apocalipsis 10:1-10)

Ha terminado otra parte de nuestro viaje. "¿Qué han aprendido ustedes de lo que han escuchado?", pregunta el guía.

Respondemos: "Que los ángeles dan dirección de parte de Dios, con instrucciones claras y específicas". Nuestro guía asiente con la cabeza. Luego, nos pone en camino de nuevo.

Consuelo y aliento

Ahora vamos todavía más rápido. "Esta vez, observen las manos de los ángeles", dice el guía.

Estamos otra vez de regreso en el desierto, con la mujer que vimos antes junto a la fuente de agua. Esta vez no hay agua a la vista. La mujer está sentada en la arena caliente, con la cara entre las manos, y sus hombros se alzan con esfuerzo. A pocos pasos de distancia y bajo la escasa sombra de un arbusto, un niño llora con una voz reseca y carrasposa. De pronto, muy arriba sobre nosotros, en un cielo muy azul, aparece un ángel. Entonces grita: "¿Qué te pasa, Agar? No tengas miedo, porque Dios ha oído el llanto del niño ahí donde está. Levanta al niño y tómalo de la mano". Agar se levanta, y apretando su reseca garganta se arrastra atontada a través de la arena hasta donde está su hijo llorando. Por encima de ella, el ángel mueve su mano, y Agar se da la vuelta. Ve por primera vez lo que no habíamos notado antes: un pozo de agua cerca. (Génesis 21:14-19)

Ahora pasamos a otra escena de un desierto, donde vemos a Elías de nuevo. Va de prisa, trastabillando, como si hubiera recorrido un largo camino. Finalmente, cae al suelo bajo la sombra de una retama, y jadeando hace esta oración: "¡Basta ya, Señor! ¡Quítame la vida!" Entonces se desploma exhausto, y se queda dormido.

De repente, un ángel se inclina sobre Elías, y le toca el hombro. "Levántate, y come", le dice el ángel. Elías se levanta débilmente del suelo. Está tan sorprendido como nosotros por lo que el ángel le señala: unas piedras calientes sobre los cuales hay una torta cocida. Una crujiente corteza marrón y un aroma delicioso nos dicen que ya está lista para comer. Cerca está una vasija de barro con agua lo suficientemente fría para ser perlada de gotitas de humedad.

"Come, y bebe", le dice el ángel a Elías, "porque te espera un largo viaje". (1 Reyes 19:3-7)

Una vez más estamos con Daniel en Babilonia. Ya es un anciano, aunque todavía sigue fuerte. Él y unos compañeros están paseando por una de las orillas del gran río Tigris. De repente, hay un rugido y un resplandor de luz. Sus compañeros huyen despavoridos;

pero Daniel se queda para contemplar una visión deslumbrante y estruendosa de un ser celestial. Mientras mira, siente que se queda sin fuerzas. Entonces cae desmayado y se queda tendido en el suelo a la orilla del río.

El ángel toca a Daniel y lo pone sobre sus manos y rodillas. "Daniel", le dice, "tú eres muy apreciado. Levántate, y presta mucha atención a lo que voy a decirte". De algún modo, Daniel se pone de pie. El ángel le dice que no tema. Dice que ha venido en respuesta a las oraciones de Daniel; aunque tuvo que vencer la oposición demoníaca que encontró en el camino. "Ahora estoy aquí", añade el ángel, "para decirte lo que le sucederá a tu pueblo en un futuro".

Daniel se desmaya una vez más, y cae de rodillas. Se queda con los ojos puestos en tierra; quiere hablar, pero no le salen las palabras. Otra vez es ayudado por el toque de un ángel, esta vez en sus labios. Daniel abre su boca. Con palabras vacilantes, explica la angustia y la debilidad que siente. "Me he quedado sin fuerzas", susurra. "Casi no puedo respirar". El ángel lo toca de nuevo, y le dice: "No temas, hombre muy estimado. ¡La paz sea contigo! ¡Sé fuerte ahora; sé fuerte! Pronto, Daniel endereza sus hombros, levanta la barbilla, y su pecho comienza a subir y bajar al ritmo de la respiración normal. "Señor, háblame, pues me has devuelto las fuerzas". (Daniel 10:4-19)

Una vez más estamos en el desierto, en una zona especialmente rocosa y estéril. Por primera vez en este viaje vemos a Jesucristo, el Hijo del Hombre e Hijo de Dios. Está de pie sobre una colina pedregosa privada de sombra. En el horizonte, una figura misteriosa se retira. Satanás estuvo aquí, tentando a Jesús, pero por ahora se ha ido. El cuerpo y el rostro de nuestro Maestro se han adelgazado por cuarenta días de ayuno. Su piel se ha oscurecido por el sol.

Ahora, viniendo de manera visible, así como había venido el diablo, aparece un grupo de ángeles al lado de Jesús. Se arrodillan ante Él y se acercan para darle comida. (Mateo 4:10-11; Marcos 1:13)

Seguimos adelante, pero todavía estamos con Jesús. Es de noche, y nos encontramos en un olivar. A pocos pasos, vemos las figuras acurrucadas de unos hombres que duermen. Más cerca de nosotros, Jesús está despierto, orando de rodillas. Miramos su rostro y nos estremecemos. Está lleno de agonía por una terrible experiencia más grande de la que podemos imaginar. "¡Padre!", exclama inclinando su cabeza hacia atrás y levantando sus ojos hacia el oscuro cielo. "Oh Padre, si quieres, pasa de mí esta copa; pero no se haga mi voluntad, sino la tuya". La luz de la luna brilla en el sudor de su frente. De repente, un ángel se pone de rodillas junto a Él. Con lentos y suaves movimientos, el ángel seca el sudor de la frente y las sienes de nuestro Salvador. Jesús parece haberse fortalecido. Cierra los ojos, y respira profundamente. (Lucas 22:43)

La escena se desvanece de nuestra vista, pero miramos fijamente todo el tiempo que podemos, haciendo un esfuerzo intenso por no perder ni el más mínimo detalle de la oración de nuestro Señor bajo los olivos. Sabemos que Él está allí por nosotros. ¡Cómo nos habría gustado haber ayudado al ángel a servirle! Pero, en cambio, es Él quien nos está sirviendo a nosotros. Cuando, por fin, no podemos ver más del Getsemaní, nos secamos las lágrimas de nuestros ojos y le decimos a nuestro guía que los ángeles son grandes consoladores y servidores portadores de consuelo y aliento en sus manos y en sus voces.

Mensajeros para iluminarnos

Nuestro guía nos sigue llevando adelante, aumentando otra vez la velocidad. "Sigan conmigo", nos exhorta, "y continúen escuchando".

Eso es lo que hacemos. Escuchamos al ángel del Señor llamando a Abraham desde el cielo. Le promete una descendencia "tan numerosa como las estrellas del cielo y como la arena del mar". (Génesis 22:15-17)

Escuchamos al ángel del Señor decir a la esposa de Manoa: "Tú eres estéril y no has tenido hijos, pero concebirás y darás a luz un hijo". (Jueces 13:1-5)

Siglos más tarde estamos en el interior del templo de Jerusalén, donde un sacerdote pone incienso en el altar del Lugar Santísimo. De repente, ve un ángel del Señor y se llena de miedo. El ángel le dice: "No temas, Zacarías, porque tu petición ha sido oída. Tu esposa Elisabet te dará a luz un hijo, y le pondrás por nombre Juan". (Lucas 1:11-13).

En un abrir y cerrar de ojos, estamos seis meses más adelante en el tiempo. Nos encontramos de nuevo en Nazaret de Galilea. Una joven se asusta por la visión del ángel Gabriel, y se siente turbada por su saludo. Pero Gabriel le dice: "María, no temas, porque has hallado gracia delante de Dios. Concebirás en tu vientre, y darás a luz un hijo, y llamarás su nombre Jesús". (Lucas 1:26-31).

Ahora, nueve meses después, estamos en una colina en las afueras de Belén, en Judea, donde unos pastores llenos de temor se encuentran agachados en el suelo. Un ángel ha aparecido, y la gloria del Señor ilumina el cielo, la colina, los pastores, y las ovejas. "No temáis", dice el ángel, "porque he aquí os doy nuevas de gran gozo, que será para todo el pueblo: que os ha nacido hoy, en la ciudad de David, un Salvador, que es Cristo el Señor". (Lucas 2:9-12)

Varios años después, en Jerusalén, dos mujeres se acercan a una tumba. Se sienten conmocionadas al ver que la piedra que cubría la entrada a la tumba había sido rodada, y a un ángel con vestiduras blancas sentado sobre la piedra. "No tengan miedo. Yo sé que están buscando a Jesús, el que fue crucificado. No está aquí, sino que ha resucitado, como dijo". (Mateo 28:1-7)

Un cuarto de siglo más tarde, estamos en un barco que es sacudido por una furiosa tormenta en el mar Mediterráneo. Es de noche. Bajo cubierta, donde un preso ha estado tratando de dormir, un ángel se para junto a él, y le dice: "No tengas miedo, Pablo, porque tienes que presentarte ante el emperador romano, y por tu causa Dios va a librar de la muerte a todos los que están contigo en el barco". (Hechos 27:13-26)

Y, finalmente, otra visión del futuro: en medio del cielo, un ángel está volando. Tiene el evangelio eterno para predicarlo a todos los moradores de la tierra. Y decía con fuerte voz: "Temed a Dios y dadle gloria, porque la hora de su juicio ha llegado; adorad al que hizo el cielo y la tierra, el mar y las fuentes de las aguas". (Apocalipsis 14:6, 7)

Sí, nos decimos unos a otros, los ángeles son mensajeros que nos informan e iluminan con mensajes de Dios.

Nuestro viaje ha terminado. Expresamos nuestro más sincero agradecimiento al guía por llevarnos en este increíble viaje a través de la Biblia. Él acepta nuestra invitación para tener una comida con nosotros. Durante la deliciosa cena, comentamos los descubrimientos que hicimos en el viaje. Estamos agradecidos al guía por acompañarnos, ya que salpica la conversión con explicaciones útiles mientras disfrutamos de la comida. Durante el postre, usted y yo nos sentimos brevemente fascinados al comparar las impresiones que tuvimos del ángel que volaba, que tenía el evangelio para proclamarlo.

De repente, nos damos cuenta de que el guía ha desaparecido. Al lado de su plato hay un papelito. Lo tomamos, y leemos estas palabras escritas a mano y con tinta dorada: "No os olvidéis de la hospitalidad, porque por ella algunos, sin saberlo, hospedaron ángeles". (Hebreos 13:2)

Tres advertencias

Un viaje como ese daría a cualquiera un sano respeto por los ángeles. Pero antes de mirarlos por más tiempo y de una manera más cercana, necesitamos algunas directrices claras. Estos principios son advertencias clave que nos serán muy útiles a medida que avancemos.

El primer principio es: No hay que crear o dar una nueva definición de los ángeles de acuerdo con nuestras fantasías.

Incontables multitudes han caído en este error. En el popurrí espiritual de hoy, un ángel puede ser cualquier cosa que usted quiere que sea. La mayoría de las representaciones de ángeles que vemos (en pinturas y libros que de regalo, o como insignias de solapa y figuritas de porcelana, o adornando una serie de otras series de mercaderías) no son más que producto de la imaginación humana. La palabra "ángel" que se utiliza en la comercialización de estos artículos pertenece a un vocabulario totalmente diferente al utilizado en la Biblia. Estos llamados "ángeles" pudieran perfectamente ser etiquetados como "hadas" o "duendes", incluso "demonios", lo cual se ajustaría más a la realidad.

Cuando la revista *Time* se refirió a los ángeles como la "aspirina" disponible en todos lados, se puede tener la seguridad de que no estaban siendo descritos los ángeles de Dios, sino solamente las modernas réplicas fraudulentas cuyas raíces no son más profundas que la necia fantasía, el mero comercialismo, inclusive el engaño deliberado. Sophy Burnham, autora del *best-seller El Libro de los Ángeles*, dice que los ángeles se hicieron populares "porque el concepto que tenemos de Dios es de un ser castigador, celoso, condenatorio", y asegura que "los ángeles nunca son así. Son absolutamente compasivos". Esta autora seguramente nunca ha leído la Biblia, especialmente el libro de Apocalipsis. No está describiendo a los ángeles de Dios, sino al fraude moderno. ¡Qué lástima que no haya estado con nosotros en nuestro viaje!

Cuando se trata de la realidad espiritual (incluyendo a los ángeles), la Biblia es la única fuente totalmente confiable de información, es la que da descripciones claras que dejan sin apoyo a las falsificaciones modernas que la gente llama ángeles. Por ejemplo, cada vez que en la Biblia se indica el género de los ángeles en la Biblia, es siempre masculino. A veces, las personas dicen que han visto a ángeles femeninos, pero la Biblia nunca los menciona. Tampoco aparecen en la Biblia ángeles en forma de un animal o de un ave, como vemos a veces en el folclore angelical literario o comercial.

Según la Biblia, los ángeles son una clase de seres creados, nunca representan a humanos evolucionados espiritualmente. En otras palabras, los seres humanos no evolucionan ni se transforman en ángeles. En un libro para niños sobre los ángeles, se halla esta cita: "El cielo es un lugar donde las niñas se convierten en ángeles, y después Dios trata de hacer lo más que puede con los muchachos". En realidad, las adorables niñitas no tienen más posibilidades de convertirse en ángeles que los chicos pendencieros. Del mismo modo, imaginar que un ser amado que ha partido está ahora volando en el espacio como un ángel, no es más que un hueco consuelo, porque eso no concuerda con lo que muestra la Palabra de Dios.

Tampoco dice la Biblia que estos seres celestiales habitan en seres humanos. No hay un "ángel dentro de usted", ni siquiera en sus mejores días. No hay la más remota alusión en las Escrituras de que los ángeles dedican tiempo para ganar sus alas, como Clarence en la película ¡Qué bello es vivir!, de Jimmy Stewart. De hecho, con excepción de dos clases de seres celestiales conocidos como querubines y serafines, no hay muchas evidencias en las Escrituras de que los ángeles tengan alas. (Quizá, a veces sí, y a veces no.)

Tampoco hay ninguna indicación en la Biblia de que los ángeles envejezcan, no hay "ángeles más pequeños" que pasan el tiempo en medio de las nubes hasta convertirse en adultos. Los ángeles de Dios existen eternamente. El ángel Gabriel, que apareció a Daniel, era el mismo Gabriel, sin ningún cambio, que apareció más de quinientos años después a María, la madre de Jesús, y a Zacarías, el padre de

Juan el Bautista. Por tanto, repito, manténgase alejado de la fantasía acerca de los ángeles, y confíe solamente en lo que dice la Biblia.

El segundo principio de advertencia es: Nunca debemos permitir que los ángeles sustituyan a Dios en nuestras vidas.

Esta es hoy una trampa gigantesca para quienes no entienden la enseñanza de las Escrituras. Estoy convencido de que las modas y la focalización espirituales como las que vemos en la angelmanía, son una herramienta del enemigo para impedirnos seguir tenazmente a Dios, como el ciervo que brama por las corrientes de las aguas. (Salmo 42:1)

Todos nosotros tenemos una sensación de destino espiritual —un anhelo profundo de eternidad— puesto en nosotros por Dios. Hace mucho tiempo, Pablo recordó a los griegos paganos de Atenas que Dios ha ordenado la historia humana "para que [los hombres] busquen a Dios, y quizá, como a tientas, puedan encontrarlo, aunque en verdad Dios no está lejos de cada uno de nosotros. Porque en Dios vivimos, nos movemos y existimos". (Hechos 17:27, 28). Pero ese plan espiritual y ese anhelo son mal dirigidos o pervertidos fácilmente, porque nuestro pecado nos hace amar más las tinieblas que la luz de Dios. Las personas que quieren un juguete espiritual o un placebo, se apresuran a llevar su búsqueda de Dios a un callejón sin salida, y a buscar más bien a los ángeles.

Christianity Today advirtió: "Los ángeles ofrecen una tentación muy fácil para aquellos que quieren buscar una "salida" a la espiritualidad, sin tener que preocuparse por Dios". El profesor Robert Ellwood, especialista en religiones ortodoxas en la Universidad del Sur de California, advierte: "Con ángeles a su alrededor, las personas sienten que no tienen que molestar a un Dios Todopoderoso para conseguir ayuda".

Esta preferencia hacia los ángeles por encima de su Creador (y el nuestro), es un insulto a Dios. La sola idea de que mejor es tener la ayuda de un ángel en vez de la ayuda de Dios debiese llenarnos de dolor, como sucedió una vez con el pueblo de Israel. Después que fueron rescatados de Egipto, pecaron luego contra Dios al hacer el becerro de oro (Éxodo 32). Dios le comunicó a Moisés un nuevo plan para el resto del viaje de Israel a la tierra prometida. "Enviaré un ángel delante de ti", dijo. "Pero yo no subiré en medio de ti, porque eres pueblo de dura cerviz, no sea que te consuma en el camino". (33:1-3)

¿Saltaron de alegría los israelitas cuando se enteraron de este cambio en cuanto a quién los lideraría en el viaje? ¿Consideraron que un ángel era mejor compañía que Dios? No. "Cuando los israelitas oyeron estas palabras tan demoledoras, comenzaron a llorar..." (33:4). La tragedia espera a cualquier persona que busque ayuda espiritual en cualquier dirección que no sea en Dios. Sea cual sea la realidad espiritual que esa persona encuentre, muy probablemente será de Satanás, quien se presentará pronto en la fiesta vestido como si fuera un ángel de luz. Un deseo por los ángeles, que sea mayor que un deseo por el Creador, solo puede conducir a problemas. Un enamoramiento de los ángeles puede ser tan malo como cualquier otro enamoramiento que no sea de Dios. Los ángeles no son el Creador; fueron creados por el Creador, así como lo fueron también la comida, el sexo y las personas.

Los Diez Mandamientos comienzan con la advertencia de no dar la espalda a Dios. Es esclarecedor pensar cómo se aplica esto a los ángeles del cielo cuando leemos los dos primeros mandamientos:

> No tendrás dioses ajenos delante de mí. No te harás imagen, ni ninguna semejanza de lo que esté arriba en el cielo, ni abajo en la tierra, ni en las aguas debajo de la tierra. No te inclinarás a ellas, ni las honrarás... (Éxodo 20:3-5)

Incluso, algo tan santo como un ángel del cielo nunca debe ser convertido en un ídolo.

Esto nos lleva directamente al tercer principio de advertencia: Los ángeles nunca deben recibir nuestra adoración.

La Escritura ataca esto de frente. En Colosenses 2:18, Pablo habla en contra de quienes "se ufanan de fingir humildad y adoración de ángeles". La adoración de los ángeles es otra demostración de la idolatría fundamental de la que es culpable la humanidad, denunciada en Romanos 1:25: "Cambiaron la verdad de Dios por la mentira, honrando y dando culto a las criaturas antes que al Creador".

Uno de los hombres más consagrados a Dios en la Escritura tuvo que ser reprendido dos veces en este punto. Juan era el apóstol del amor, notable por su enseñanza sobre el amor, y por su profundo vínculo de amor con Jesús. En la conclusión de su carta que conocemos como Primera de Juan, él escribió estas palabras: "Hijitos, guardaos de los ídolos". ¿Quién iba a sospechar que Juan mismo pronto fallaría en resistir la idolatría?

Al final de su vida, mientras se encontraba exiliado en la isla de Patmos, recibió las visiones registradas en el libro de Apocalipsis, en las que hay ángeles por todas partes. Después de una escena de éxtasis de adoración celestial en la cena de las bodas del Cordero (Apocalipsis 19), un ángel rector se volvió hacia Juan y le pidió que escribiera estas palabras: "¡Dichosos los que han sido convidados a la cena de las bodas del Cordero!" Y añadió: "Estas son las palabras verdaderas de Dios".

De inmediato, "me postré a sus pies para adorarlo", dice Juan.

La reprimenda del ángel fue rápida: "No lo hagas; yo soy consiervo tuyo, y de tus hermanos que retienen el testimonio de Jesús. Adora a Dios". (19:10)

Pero esta tentación es tan peligrosa que veremos a Juan advertido en cuanto a ella una vez más. En el clímax de sus visiones, un ángel le mostró y le describió a Juan la Nueva Jerusalén celestial y su gloria inexpresable. "Estas palabras son fieles y verdaderas", le dijo el ángel (22.6). Juan escuchó también la promesa de Cristo de venir pronto. De nuevo leemos el sincero recuento de Juan:

> Yo, Juan, soy el que oyó y vio estas cosas. Y después que las hube oído y visto, me postré para adorar a los pies del ángel que me mostraba estas cosas. Pero él me dijo: Mira, no lo hagas; porque yo soy consiervo tuyo, de tus hermanos los profetas, y de los que guardan las palabras de este libro. Adora a Dios". (22:8, 9)

La debilidad de Juan a este respecto es un buen recordatorio de lo fácil que es pecar por medio de la idolatría. Adorar ángeles es tan malo como dar el control de nuestras vidas a algo o alguien que no sea Dios. La adoración de los ángeles no es más aceptable para Dios que el culto al dinero, al poder o a la autocomplacencia. El Señor dice: "No tendrás dioses ajenos delante de mí". Debemos cultivar la misma devoción a Él que había alcanzado el escritor del Salmo 73, quien podía decir a Dios: "¿A quién tengo yo en los cielos sino a ti? Y fuera de ti nada deseo en la tierra" (73:25, 26). Con toda honestidad, ¿podríamos decir al Señor estas mismas palabras?

La mayoría de nosotros encontramos bastante comprensible el hecho de que Juan se haya postrado para adorar el ángel. ¿Quién no se sentiría tentado a caer de rodillas ante estos seres majestuosos, especialmente después de ver todo lo que Juan vio del futuro Apocalipsis? La visión de los ángeles verdaderos de Dios debe ser impresionante, más allá de todo lo que podemos imaginar. Quizá una de las razones por las que los ángeles son casi siempre invisibles es para que no seamos tentados a hacer lo mismo que hizo Juan. Bastante tentados estamos ya a adorar la obra de nuestras manos.

¿Qué haríamos si viéramos ángeles todos los días? Pero, incluso, si pudiéramos verlos, los ángeles parecerían insignificantes en contraste con una fugaz visión de Dios. A. W. Tozer nos ayuda a entender esta comparación:

> Dios está eternalmente por encima de todo, y en luz inaccesible. Está por encima como lo está un arcángel de una oruga; sin embargo, el abismo que separa al arcángel de la oruga es finito, mientras que el abismo que hay entre Dios y el arcángel es infinito. La oruga y el arcángel, aunque están muy alejados entre sí en la escala de las cosas creadas, son, no obstante, uno, por haber sido ambos objetos creados. Ambos pertenecen a la categoría de lo que no es Dios, y están separados de Dios por la infinitud misma. Esos seres majestuosos que son los ángeles pueden ayudarnos a levantar nuestros ojos de esta tierra problemática y temporal. Pero ellos fueron creados para dirigir nuestra mirada al Señor, no a sí mismos. Toda la gloria le corresponde a Dios, y él no tiene ninguna intención de compartirla con los ángeles. Los ángeles no merecen más adoración que la que merecen las orugas.

Nosotros también somos seres espirituales, y a medida que hagamos un estudio más profundo, honesto y cuidadoso de los ángeles, nuestros espíritus no podrán dejar de experimentar el deseo de adorarlos. Por tanto, al avanzar cada uno de nosotros en el estudio de la Escritura, siempre que recordemos cualquier cita relacionada con los ángeles, que sea especialmente esta:

¡Adora a Dios!

Capítulo 4

Los Ángeles y Dios

HASTA AHORA, hemos visto en la Biblia un poco de lo que hacen los ángeles. ¡Impresionante, no le parece! Estoy seguro de que estará de acuerdo conmigo. Sin embargo, pudiera preguntarse: ¿Qué evidencia hay (y obvio espera que haya muchas) de que los ángeles siguen haciendo todas esas cosas hoy? El adecuado punto de partida para responder esta pregunta es mirar de cerca el carácter de Dios mismo. Él tuvo sus razones para crear a los ángeles, así como para crearnos a usted y a mí. Esas razones surgen de quién es Dios.

Canales de comunicación

Mientras nos preparamos para esa mirada más de cerca al carácter de Dios, ajustemos un poco la mirilla de nuestro entendimiento y así poder entender qué queremos decir cuando hablamos de "ángeles". Una definición escueta es que son seres espirituales de fuera de este mundo. Dentro de esta sencilla definición hay dos amplias categorías de ángeles: los buenos y los malos. A los buenos los llamaremos los ángeles de Dios. Estos le han servido y obedecido siempre, y lo seguirán haciendo eternamente. Los malos, son ángeles caídos:

Satanás y sus demonios. Son los espíritus malos que desobedecieron a Dios y que siguen haciéndolo. Tienen su propia historia, una historia de la cual podemos aprender mucho, pero esto lo veremos más adelante. Por el momento, cuando hablemos de "ángeles" nos estaremos refiriéndose solamente a los buenos.

En la Biblia, la palabra traducida como "ángel" es el término hebreo *mal'ak* en el Antiguo Testamento, y la voz *angelos* en el Nuevo. El significado básico de ambas palabras es "mensajero". Esa es la esencia de quiénes y qué son los ángeles. Son mensajeros de Alguien que no son ellos mismos. Son los embajadores de Alguien más. Son los agentes de otra persona. Lo representan solo a Él, nunca a sí mismos. Solo son canales que llevan y traen la información de ese Alguien. Hablan y actúan de acuerdo con sus instrucciones y están bajo la autoridad de Él.

La próxima vez que usted lea un pasaje de la Escritura acerca de ellos, trate de sustituir la palabra ángel por mensajero, para tener un sentido correcto de este aspecto crucial de su esencia. De no ser por Dios, los ángeles no pueden hacer nada y no son nada. Su comida y su bebida es hacer la voluntad de Él, y llevar a cabo su trabajo. Y la voluntad de Dios en cuanto a los ángeles, y el trabajo que les ha dado, es comunicar sus mensajes, tanto por lo que dicen como por lo que hacen. Ellos son sus mensajeros. Cuando los ángeles nos dan fuerzas o iluminación, es la fuerza de Dios o la iluminación de Él lo que imparten. El aliento de ellos es el aliento de Dios. Su dirección es la dirección de Dios. Su protección es la protección de Dios. Cuando traen consuelo, es el consuelo de Dios que ofrecen. Y cuando traen ira, es la ira de Dios la que ellos descargan.

Es por eso que la comprensión correcta de los ángeles tiene que buscarse en el carácter de Dios. Dios mismo es un comunicador. La Palabra [el Verbo] es uno de sus nombres correctos y apropiados: "En el principio era el Verbo… y el Verbo era Dios" (Juan 1:1).

Dios "declara al hombre cuáles son sus pensamientos", dice el profeta Amós (Amós 4:13). Dios se hace conocer. Él siempre nos está hablando a usted y mí. "Toda la Biblia apoya esta idea", escribe A. W. Tozer:

> Dios está hablando. No que Dios habló, sino que Dios está hablando. Él, por su naturaleza, se da a conocer todo el tiempo. Él llena al mundo con su voz.

Los ángeles son apenas una de las muchas maneras de cómo Él hace esto. También se ha comunicado por medio de mensajeros humanos: "En tiempos antiguos Dios habló a nuestros antepasados muchas veces y de muchas maneras por medio de los profetas". (Hebreos 1:1). Nuestras Escrituras son el registro viviente y activo de esas profecías de Dios en el pasado. En la vida de Jesucristo, también escuchamos a Dios llamando: "En estos días finales nos ha hablado por medio de su Hijo" (Hebreos 1:2).

Hasta el cielo es una pantalla en tercera dimensión que muestra la comunicación constante de Dios: "Los cielos *cuentan* la gloria de Dios, y el firmamento *anuncia* la obra de sus manos. Un día emite *palabra* a otro día… (Salmo 19:1, 2). En efecto, esa misma corriente de expresión divina se recibe incesantemente por medio de toda la naturaleza. Es tan firme y continua que quienes no ven el mensaje "no tienen la más mínima excusa", como dice J. B. Phillips en su paráfrasis de Romanos 1:19, 20:

> No es que no saben la verdad acerca de Dios; ciertamente, Él la ha hecho muy clara. Porque desde la creación del mundo, los atributos invisibles de Dios, por ejemplo, su eterno poder y su deidad, han sido claramente discernibles por medio de las cosas que Él ha hecho…

La naturaleza es la voz de Dios; el diseño refleja al Diseñador. Y puesto que la verdadera ciencia es la observación y la comprensión de la naturaleza, el propósito total y correcto de ella es dirigir nuestra atención hacia Dios.

Los ángeles tienen un papel maravillosamente único en la comunicación de Dios, pero su trabajo se entrelaza con estas otras manera que tiene Dios de hablar. La manera como recibimos el libro de Apocalipsis es una buena imagen de esto. Se nos dice que Dios reveló el mensaje del libro a Jesús; luego, Jesús lo reveló después a un mensajero humano (el apóstol Juan), pero lo hizo *por medio de un ángel.* Por último, Juan reveló el mensaje poniéndolo por escrito en el libro que ahora leemos al final de nuestras Biblias. Por tanto, la secuencia de la comunicación en este caso, fue:

Dios → Jesús → ángel → Juan → La Escritura → usted y yo.

Observemos cuidadosamente para ver si captamos todo esto en las primeras líneas de Apocalipsis:

> La revelación de Jesucristo, que Dios le dio, para manifestar a sus siervos las cosas que deben suceder pronto; y la declaró enviándola *por medio de su ángel* a su siervo Juan, que ha dado testimonio de la palabra de Dios, y del testimonio de Jesucristo (1:1, 2).

El majestuoso final de Apocalipsis es semejante. Primero, el ángel le dice a Juan: "Estas palabras son fieles y verdaderas. Y el Señor, el Dios de los espíritus de los profetas, *ha enviado su ángel*, para mostrar a sus siervos las cosas que deben suceder pronto". (22:6)

Después escuchamos estas palabras de Jesús mismo:

> Yo Jesús he *enviado mi ángel* para daros testimonio de estas cosas en las iglesias. Yo soy la raíz y el linaje de David, la estrella resplandeciente de la mañana". (22:16)

Como mensajeros, los ángeles tuvieron una parte especial cuando nos fue dado el Antiguo Testamento. Tanto Esteban como Pablo dicen que la ley del Antiguo Testamento fue dada "por medio de ángeles" (Hechos 7:53; Gálatas 3:19), y el escritor de Hebreos la llama "el mensaje anunciado por los ángeles" (2:2). Al parecer, un gran número de ángeles estuvo involucrado. Cuando Moisés recuerda cómo vino Dios al monte Sinaí para darle la ley, dice que Dios llegó "con millares (o miríadas) de santos" (Deuteronomio 33:2). Tanto *miríadas* como *santos* son palabras de uso frecuente en la Biblia en relación con los ángeles. *Miríada* puede significar diez mil o simplemente un número inmenso, y *santos* refleja la pureza de la devoción de los ángeles a Dios.

Los ángeles son también prominentes en el Nuevo Testamento. Veremos eso especialmente cuando estudiemos su papel en la vida terrenal de Jesús, así como en Apocalipsis.

Así pues, Dios se está comunicando siempre en una multitud de formas, y sus ángeles juegan un papel importante. Por supuesto, usted y yo somos también comunicadores. También lo son las personas con las que más le gusta estar cerca. Supongamos que usted recibió hoy una carta de un amigo favorito que se encuentra lejos. ¿Qué es lo primero que haría con la carta? ¿Estaría mirándola durante horas para analizarla y admirarla? ¿Haría un análisis químico de la tinta para saber exactamente de qué estuvo hecha? ¿Investigaría de dónde vino el papel, y cómo fue fabricado y cortado? No. El papel y la tinta son simplemente el medio de comunicación de su amigo. Usted solo está interesado en su *amigo* y en el *mensaje* de él. El papel y la tinta son simplemente para traer a usted ese mensaje personal.

La misma lógica se aplica en nuestro enfoque sobre los ángeles. Ellos son simplemente un medio de comunicación del Dios que se comunica. Por medio de lo que dicen y hacen los ángeles, Dios nos expresa personalmente su amistad, su paternidad, y muchas cosas más. Lo importante es el mensaje que traen los ángeles, no los mensajeros mismos.

Para un amor más profundo por Cristo

Recuerde, sin embargo, que los ángeles son siempre mensajeros *unidireccionales*. Son mensajeros de Dios para nosotros, nunca mensajeros nuestros para Dios. Nadie en la Escritura ora jamás a un ángel, y tampoco debemos hacerlo nosotros. No son intermediarios o mediadores entre nosotros y el cielo. No son mediadores, porque hay Otro que ya cumple ese papel — ¡y alabado sea Dios por eso! "Porque hay un solo Dios, y *un solo mediador* entre Dios y los hombres, *Jesucristo hombre*" (1 Timoteo 2:5). La mediación de Cristo nos da lo que ninguna mediación de ángeles pudiera, ni por asomo, lograr jamás: la libertad y la salvación eterna de nuestras almas. "Cristo es mediador de un nuevo pacto, para que los llamados reciban la herencia eterna prometida, ahora que él ha muerto para liberarlos" (Hebreos 9:15). Es por eso que en el Nuevo Testamento la mención de los ángeles está tan dominada por un enfoque en la excelencia de Cristo en todos los sentidos.

Ya que los ángeles han estado tanto en nuestras mentes, este enfoque del Nuevo Testamento es un estímulo perfecto para dejar que los ángeles nos lleven a un amor más profundo por Cristo. Acompáñeme a través de algunos de estos pasajes que hablan de los ángeles, y mantenga esta pregunta con usted todo el tiempo: ¿Qué tanto se comparan mi devoción y mi amor por Cristo y su evangelio con lo que se enseña aquí? Pablo está tan impactado por el insuperable amor de Cristo que, en comparación, pone juntos a ángeles y demonios, y también a "cualquier otra cosa creada". Exclama que nada de esto "nos podrá separar del amor que Dios que es *en Cristo Jesús* Señor nuestro" (Romanos 8:38, 39).

El compromiso de Pablo con el evangelio de Cristo es tan grande que, por contraste, está listo para invocar una maldición sobre los ángeles. Escuchemos su intensidad:

> Pero aun si alguno de nosotros o *un ángel del cielo* les predicara un evangelio distinto del que les hemos predicado, ¡que caiga bajo maldición! Como ya lo hemos dicho, ahora lo repito: si alguien les anda predicando un evangelio distinto del que recibieron, ¡que caiga bajo maldición!" (Gálatas 1:8, 9 NVI)

Si usted piensa que una actitud tan dura hacia los ángeles es demasiado extrema, recuerde que Pablo está dispuesto a aplicar la misma maldición a sí mismo (y también a cualquier otro), si alguna vez dejara de permanecer fiel al evangelio de Cristo. Absolutamente todo está en juego en la respuesta que demos a la buena nueva. Estar bien con Dios por medio de Cristo es el cielo; en comparación, estar bien solo con un ángel, es el infierno.

Pablo proclama que Dios resucitó a Cristo y le sentó "en los lugares celestiales, *sobre todo principado y autoridad y poder y señorío*" (Efesios 1:20, 21). En esos lugares celestiales seguramente tenía en mente las gloriosas filas de ángeles, poderosos y majestuosos, pero muy inferiores a Cristo.

Cuando Pablo nos dice en Colosenses 3:1, 2 que pongamos nuestras mentes y nuestros corazones "en las cosas de arriba", señala específicamente que el cielo es "donde está Cristo". Allí hay ángeles también; pero Pablo no los pone en el centro de la escena. Es Cristo quien orienta nuestra mente hacia el cielo, no los ángeles. Cuando Pablo advierte en contra de la adoración a los ángeles, al mismo tiempo nos recuerda que "[*Cristo* es]... en todo el primero" (Colosenses 1:17-18).

En Filipenses 2:9, 10, Pablo nos dice que Dios exaltó a Cristo "hasta lo sumo, y le dio un nombre que es sobre todo nombre, para que en el nombre de Jesús se doble toda rodilla de los que están *en los cielos*, y en la tierra, y debajo de la tierra".

Ángeles, hombres y demonios, todos por igual, tendrán que doblar la rodilla un día para reconocer la gloria y la supremacía de Jesús. ¿Ya lo hizo usted?

La consideración más extensa sobre los ángeles en toda la Biblia se extiende a lo largo de los dos primeros capítulos del libro de Hebreos. Pero toda la discusión pone de manifiesto y de manera rotunda que Cristo es absolutamente superior a los ángeles. Razonamiento tras razonamiento, el autor deja claro que:

- Dios llama a Jesús su Hijo, un título que nunca usan los ángeles. (1:4, 5)
- Dios ordena a los ángeles que adoren a Jesús. (1:6)
- Dios da a Jesús un trono eterno y firme desde el cual gobernará como Rey, mientras que el trabajo de los ángeles es como brisas fugaces o llamas parpadeantes. (1:7, 8)
- Jesús conoce más la alegría que los ángeles. Dios lo puso por encima de sus compañeros (los ángeles), ungiéndole con "óleo de alegría". (1:9)
- Jesús mismo creó el mundo, uno temporal con un final señalado. Mientras tanto, Él sigue siendo el mismo eternamente, sumamente honrado por Dios, y con todos sus enemigos por estrado de sus pies. Los ángeles, por el contrario, son solo espíritus ministradores cuyo trabajo consiste en servir a los seres humanos salvados de ese mundo temporal. (1:10-14)
- En el mundo venidero no serán ángeles quienes gobiernen, sino Jesús. (2:5-9)

Sobre esta base, el autor de Hebreos pasa a un punto más sutil en el centro del capítulo 2. Lo que dice se nos hace evidente con una claridad impresionante. El autor ha declarado anteriormente que los ángeles son espíritus, y que son como viento y fuego. Ahora nos recuerda que Jesús, por un breve tiempo, fue hecho "un poco menor que los ángeles", es decir, se encarnó en forma humana. El que es Espíritu eterno le fueron dados "carne y sangre" como al hombre y la mujer, y al hacerlo "compartió esa naturaleza humana". Se hizo "como" nosotros "en todo". Fue en ese cuerpo humano que "padeció siendo tentado". Y fue en ese cuerpo que Él "gustaría la muerte".

Como espíritus, los ángeles no pueden sangrar o morir. Cristo pudo, y lo hizo, por usted y por mí. Esa es la distinción entre Cristo y los ángeles que hace una eternidad de diferencia. Porque por ella, Cristo fue capaz de "destruir por medio de la muerte al que tenía el imperio de la muerte, esto es, al diablo" (2:14).

Escalera de ángeles

Pero, no piense usted que al escribir esto sobre los ángeles estoy diciendo que debemos descartarlos. Todo este estudio no es para rebajar a los ángeles, sino para exaltar a Cristo. Y este es un paso necesario. Nada en toda la creación puede ser entendido verdaderamente bien hasta que se ve en su debida relación con Cristo. Exaltar a Jesús no hará que restemos importancia a los ángeles. No. Lo que hará será permitirnos comprender a los ángeles, y a recibir efectivamente su mejor ayuda. Un estudio adicional en las Escrituras ayudará a echar raíces aún más profundas en cuanto a este enfoque sobre Cristo y los ángeles. ¿Recuerda el sueño que tuvo Jacob la noche en que dormía en el suelo teniendo como almohada una piedra? En ese sueño, él vio una escalera apoyada en la tierra; su extremo superior llegaba hasta el cielo, y ángeles de Dios *subían y descendían por ella.* Y el Señor estaba de pie junto a ella. (Génesis 28:12, 13)

Diecinueve siglos después, cerca del río Jordán, Jesús estaba teniendo su primera conversación con un par de hombres que un día llegarían a ser sus apóstoles para el mundo. Él les dijo: "De cierto os digo: De aquí en adelante veréis el cielo abierto, y a los ángeles de Dios que suben y descienden sobre el Hijo del Hombre" (Juan 1:51). Sus palabras les harían recordar fácilmente el sueño de Jacob. Pero, respecto de la escalera, Cristo estaba hablando de sí mismo. ¿Qué quiso Él decir?

Tal vez el significado de las palabras del Señor no será entendido plenamente hasta que lo veamos regresar del cielo "en su gloria, con todos sus ángeles" (Mateo 25:31). Pero en la interrelación que hay entre esos versículos en Juan y Génesis, Juan Calvino encontró esta idea: "que es únicamente por la intercesión de Cristo que el ministerio de los ángeles se extiende a nosotros".

Incluso, ahora mismo, los ángeles tienen la capacidad de ir y venir entre el cielo y la tierra solamente por medio de Cristo. Únicamente en obediencia a la voluntad de Él son enviados para servirnos. El propio ministerio del Señor para con nosotros, sus planes, y su protección hacia nosotros, son la activa escalera que utilizan los ángeles en su diario celo por atender nuestras necesidades.

Jehová de los ejércitos

Dios es el Gran Comunicador, que nos habla por medio de Cristo, a través de quién son también enviados los ángeles para servirnos. Dios envía a los ángeles para mostrarnos su amor por nosotros y su poder. Para ayudarnos a entender esto, el Señor se identifica con los ángeles de una manera especial, por medio de uno de sus nombres.

Más de 250 veces en la Biblia, Dios se llama a sí mismo "Jehová de los ejércitos", que significa "el Señor de los ejércitos celestiales". El término hebreo es *Jehová-sabbaoth*. Muchas traducciones modernas traducen el término como "el Señor todopoderoso" para ayudarnos a debidamente enfocarnos en el poder que implica el nombre. Dios gobierna soberanamente todas las fuerzas del cielo. Pero quizá se pierde un poco el sentido con esa traducción. Mantener la palabra "ejércitos" trae a la mente con más rapidez los numerosos y poderosos ángeles que forman los ejércitos del cielo. Es como si Dios quisiera que visualicemos esas recias filas de soldados siempre que escuchamos el nombre *Jehová-sabbaoth*. Este nombre nos da al instante una imagen regia y marcial del Señor viniendo al frente de sus soldados celestiales. Un día no muy lejano, pensaremos sin duda en este nombre otra vez, y lo alabaremos a gritos "cuando el Señor Jesús se manifieste desde el cielo entre llamas de fuego, con sus poderosos ángeles" (2 Tesalonicenses 1:7).

Curiosamente, este nombre para Dios parece haber sido utilizado con mayor frecuencia en los libros del Antiguo Testamento, donde la actividad angelical manifiesta es menos prominente. Es como si Él hubiera querido que su pueblo recordara especialmente que los ángeles obedecían de inmediato sus órdenes, aun cuando esos seres celestiales no fueran vistos u oídos. En el Nuevo Testamento, la versión griega del nombre "Señor (Jehová) de los ejércitos" se utiliza en Santiago 5:4 en una terrible advertencia a los ricos que acumulan su riqueza. Este pasaje, también vislumbra el futuro regreso de Cristo con sus ángeles. Pero notemos cómo el pasaje recuerda el juicio y la ira que traerán los ángeles, en vez de salvación:

> He aquí, clama el jornal de los obreros que han cosechado vuestras tierras, el cual por engaño no les ha sido pagado por vosotros; y los clamores de los que habían segado han entrado en los oídos del *Señor de los ejércitos*. Habéis vivido en deleites sobre la tierra, y sido disolutos; habéis engordado vuestros corazones como en *día de matanza*.

La aparición del Señor y de sus fuerzas de combate será suficientemente sobrecogedora para todos, pero una visión aterradora, sin duda, para los impíos. Mientras tanto, Él quiere que todos tengamos presente esta poderosa imagen.

Con toda la maldad que de hoy día, es fácil preguntarse si Dios ya no tiene el control. Si este mundo se está yendo al desastre, ¿no puede alguien hacer algo al respecto? Sin embargo, en tiempos de aparente caos, Jehová de los ejércitos sigue teniendo el control. El Señor de los Ejércitos sigue siendo el Dios Soberano, el Vencedor final, nuestro Capitán de la Salvación. Y Él y yo estamos en el mismo bando. Eso me conforta. Al mismo tiempo, eso inspira en mí una gran reverencia, lo cual es algo que los ángeles no dejarán que olvidemos.

Tanto cercano como lejano

Cuando usted medita sobre los ángeles en las Escrituras, es atrapado rápidamente por dos cosas: por su majestad y por el temor reverente. La majestad está siempre allí por lo que ellos son; y el temor reverente es la respuesta invariable de las personas que los perciben.

Sabemos que la causa de esto no son los ángeles mismos, sino Dios. La majestad del Señor y su capacidad de inspirar temor reverente son muy superiores a las de los ángeles. Su gloria es exaltada "*por encima de los cielos*", proclama el salmista. "¿Quién es como el Señor nuestro Dios, que está sentado en las alturas, *que se humilla para mirar lo que hay en el cielo* y en la tierra? (Salmo 113:5, 6 LBLA). En un sentido real, Dios mira hacia abajo, incluso al cielo, donde están los ángeles de Dios. Ellos, también, son simplemente creación de Él.

En realidad, cuanto más pensamos en ello, más experimentamos dos reacciones diferentes y en conflicto en cuanto a esta imagen de Dios como el Señor de los ejércitos, el Señor de los ejércitos de ángeles. Nos alegra pensar que esta poderosa ayuda está a nuestra disposición. ¡Qué privilegio es que Dios quiera descender del cielo para intervenir a favor nuestro! Pero el solo visualizar tal escena de santo esplendor y de un poder sobrenatural, no hacen sino resaltar nuestra pequeñez, debilidad e indignidad. De repente, con más claridad que nunca, podemos ver cuánto más poderoso y más santo es Él que lo que habíamos imaginado. El Señor es tan diferente y también tan lejano de nosotros.

Sí, el Señor viene; pero incluso con su venida, Él crea una brecha más grande. Vemos cuán cerca se allega Dios, pero también cuán lejos se mantiene de nosotros. Él siempre está cerca, pero siempre lejos. ¡Es un misterio para nuestras almas! Los ángeles solamente acentúan la paradoja. ¡Qué misericordioso y emocionante es que ellos vengan a nosotros con mensajes del Señor, abriéndonos una ventana hacia Dios y su cielo! Pero la simple visión de ellos hace que incluso las personas más piadosas retrocedan con temor al pensar solamente en el gran abismo que hay entre Dios y ellas.

Isaías es uno de los que tuvieron esa experiencia, y el relato que él hace es uno de los pasajes más impresionantes de la Biblia. Fue "en el año que murió el rey Uzías" (6:1). El largo y memorable reinado de ese notable monarca había llegado a su fin. Pero Isaías tuvo una visión de un Rey mayor. Dice que vio "al Señor sentado sobre un trono alto y sublime". Por encima de él, Isaías vio seres angelicales gloriosos llamados serafines. Estos serafines tuvieron que cubrir sus rostros con sus alas, ya ni siquiera ellos podían contemplar directamente la gloria de Dios. Isaías les oyó decir: "Santo, santo, santo es el Señor de los ejércitos". Dieron triple énfasis al hecho de que Dios está separado y apartado de todo lo demás. A los teólogos les gusta llamar esto la "trascendencia" de Dios. Él es santo, sublime y exaltado, y está para siempre por encima y más allá de toda su creación. No obstante, Isaías escuchó también clamar a estos serafines: "Toda la tierra está llena de su gloria". De alguna manera, este Dios

Santo también está activamente presente en toda su creación. Esto es lo que los teólogos llaman la "inmanencia" de Dios.

Tanto la trascendencia como la inmanencia de Dios son siempre ciertas al mismo tiempo. Por nuestra limitada y humana manera de pensar tendemos a apoyarnos primero en un atributo y después en el otro cuando pensamos en Dios. Pero, en realidad, los dos están siempre en perfecto equilibrio. Él siempre está cerca, y siempre está lejos. ¿Soy yo un Dios de cerca —declara el Señor— y no un Dios de lejos? ¿Podrá alguno esconderse en escondites de modo que yo no lo vea? —declara el Señor. ¿No lleno yo los cielos y la tierra? —declara el Señor (Jeremías 23:23, 24 LBLA).

Pablo instruyó a los sabios del areópago de Atenas en cuanto al mismo punto: "El Dios que hizo el mundo y todo lo que hay en él es *Señor del cielo y de la tierra*", dijo, y "no vive en templos construidos por hombres". Dios está por encima y más allá de todo eso. Pero este mismo Dios, siguió diciendo Pablo, "no está lejos de ninguno de nosotros, puesto que en él vivimos, nos movemos y existimos". (Hechos 17:22-28).

Los ángeles se acercan, pero, asimismo, también guardan distancia. Son así por causa de Aquel que los creó y quien dispone su trabajo. Pueden ser muy encantadores, como cuando sirvieron a Elías una torta cocida, o ayudaron a Daniel a ponerse de pie. Pero también tan repelentes como una espada encendida para echar fuera a un hombre y a una mujer de su huerto perfecto.

Así que, y regresando a la pregunta original de este capítulo: Hoy día, ¿siguen los ángeles haciendo todo lo que la Biblia los muestra haciendo en el pasado? No veo ninguna razón bíblica para que no puedan hacerlo, y para que no continúen haciéndolo, porque Dios no ha cambiado. Él sigue comunicándose. Está cerca de nosotros. Es nuestro Salvador y nuestro Padre amoroso. "El que no escatimó ni a su propio Hijo, sino que lo entregó por todos nosotros, ¿cómo no habrá de darnos generosamente, junto con él, *todas las cosas*?" (Romanos 8:32). Indudablemente, "todas las cosas" debe incluir a los ángeles. Pero sus servicios nunca pueden ser requeridos por usted o por mí, y su presencia nunca puede ser anticipada. Están tan cerca como han estado siempre, pero igualmente lejos.

Es un misterio. De hecho, todo este tema está saturado por el misterio. Pero el misterio es bueno y saludable para nosotros, y tal vez más ahora que nunca. Son muchos los cristianos hoy día que carecen de un temor reverencial y de una sensación de misterio cuando piensan en las cosas de Dios. A veces pensamos que ya sabemos todo lo que es posible saber acerca de Él, que nos sea práctico o lo suficientemente entendible; pero en cualquier caso, ¿no es restarle valor a todo lo demás? Mi oración es que esta presunción comience a ser corregida a medida que adquiramos respeto por los secretos en torno a los ángeles de Dios.

Dios no nos ha dicho todo acerca de ellos, y nunca lo hará. Incluso lo que Él ha revelado no puede ser entendido completamente por nosotros, debido a nuestras limitaciones mentales y espirituales. Pero los tesoros que el Señor nos ha mostrado están ahí para ser descubiertos y poseídos. "Las cosas secretas pertenecen al Señor nuestro Dios, mas las cosas reveladas nos pertenecen a nosotros y a nuestros hijos para siempre..." (Deuteronomio 29:29 LBLA)

Capítulo 5

LO QUE SON LOS ÁNGELES

A TODO ESTO, ¿qué *son* exactamente los ángeles? ¿De qué están hechos, y de dónde vinieron? ¿Dónde habitan? ¿En qué se parecen a mí? ¿En qué son diferentes? Si se nos apareciera un ángel —si llegase a familiarizarme con uno de ellos— ¿qué debemos esperar? Con tanta desinformación acumulada hoy sobre el tema de los ángeles, regresemos y empecemos donde la misma Biblia comienza.

Los ángeles son, en primer lugar, *seres creados* como usted y yo, y como las orugas, como lo señalamos anteriormente. No son el resultado del *Big Bang*, ni se produjeron por algún proceso evolutivo. Dios hizo a los ángeles. Y al igual que usted, que yo, y que la oruga, los ángeles fueron creados *en* Cristo, *por* Cristo, y *para* Cristo. En Colosenses 1:16 leemos que "*todas las cosas* fueron creadas" con esas mismas intrincadas conexiones con Dios el Hijo. Cristo fue la *causa* de todas las cosas creadas; la *manera* y el *medio* por los cuales fueron hechas; y Él es el *propósito* de su existencia. Para todas las cosas creadas, Él es el *de dónde*, el *cómo*, y el *por qué*. Cristo es su Rey y Amo, así como Él es el nuestro.

Pero, ¿hay alguna razón para creer que Pablo estaba pensando más allá de la creación terrenal en este pasaje? ¿Él estaba pensando realmente en ángeles, más que en las orugas?

Es evidente que sí. En el mismo versículo, Pablo da de inmediato un panorama general de lo que está incluyendo:

> ... las [cosas] que hay *en los cielos* y las que hay en la tierra, visibles e *invisibles*; sean tronos, sean dominios, sean principados, sean potestades; *todo* fue creado por medio de él [de Cristo] y para él.

En este orden creado profundamente vinculado, Pablo tiene cuidado de incluir lo celestial e invisible. Esas características se ajustan definitivamente a los ángeles, como lo veremos pronto. El propósito de Pablo al incluirlos aquí bien puede haber sido para contrarrestar la propagación del culto a los ángeles al que se refiere más tarde en la iglesia de Colosas (2:18). Pablo sabía que un enfoque en Cristo es el correctivo para toda desviación.

Para los ángeles, evidentemente, no existe el problema de desviarse para adorarse unos a otros. Ellos saben la verdad. Saben que fueron creados solamente por la voluntad del Señor, y para placer de Él. Los seres angelicales mismos declaran esto al adorar a Dios en Apocalipsis 4.

> Echan sus coronas delante del trono, diciendo:
> Señor, digno eres de recibir la gloria y la honra y el poder;
> porque *tú creaste todas las cosas,*
> y por tu voluntad existen y fueron creadas.

En estas últimas cuatro palabras, estas creaciones angelicales confiesan una verdad más: que solo por la voluntad de Dios y para su placer, sigue la existencia de ellos hasta ahora. Esto, también, es tan cierto para nosotros como lo es para los ángeles. La razón por la que nacimos es la misma razón por la que seguimos estando vivos, y esa razón está circunscrita a la voluntad y al placer de Dios.

Esta verdad fundamental exige una respuesta sencilla, por encima de todo: alabar a Dios. El Salmo 148 comienza haciendo un llamado a todo lo que está en los "cielos" y en "las alturas" —incluyendo específicamente al sol, la luna, las estrellas y los ángeles— a dar alabanza a Dios. "Alaben el nombre de Jehová; *porque él mandó, y fueron creados*". Esto, también, es tan cierto para nosotros como lo es para los ángeles y las estrellas. Los ángeles y las estrellas cumplen de manera continua y gozosa este requisito de la alabanza. ¿Y usted?

Creados para nosotros

Pero, ¿por qué razón creó Dios estas tropas de mensajeros celestiales cuando, ciertamente, Él no los necesita? Como dice Calvino: "Cada vez que a Él le viene en gana hacer algo, lo hace, y lleva a cabo su obra con solo un movimiento de cabeza". Por tanto, Calvino llega a esta conclusión: Al crear los ángeles, Dios debió haber tenido en mente *nuestro* beneficio. Dios utiliza a los ángeles simplemente como "una ayuda en nuestra debilidad", para "elevar nuestras esperanzas o fortalecer nuestra confianza".

Calvino reconoce que la oferta de protección personal de Dios mismo debería ser suficiente para nosotros. Dice que es "irrespetuoso" que nosotros "todavía estemos mirando a nuestro alrededor en busca de ayuda". Sin embargo, añade que si Dios, por su "bondad e indulgencia infinitas", elige proporcionar ángeles por nuestra debilidad, "haríamos muy mal en desestimar el favor". Su conclusión refleja la enseñanza de Hebreos 1:14, un versículo al que seguiremos volviendo: Los ángeles son "espíritus ministradores para servicio a favor de los que serán herederos de la salvación". Los ángeles están para ayudarnos. En el relato de la creación en Génesis 1 no se habla de ángeles; la narración se enfoca en la creación visible. Su omisión en ese pasaje podría ser otro indicio de que los ángeles no están bajo la autoridad humana. En el clímax de la semana de la creación, Dios dio a la humanidad el privilegio y la responsabilidad de ejercer dominio "sobre los peces del mar, sobre las aves del cielo, sobre los ganados, sobre toda la tierra, y sobre todo reptil que se arrastra sobre la tierra" (Génesis 1:26 LBLA). Pero esa lista no incluye a los ángeles. Podemos pastorear el ganado, enjaular canarios, y cultivar melones y coliflor en nuestros huertos, pero no podemos hacer que los ángeles nos laven la ropa o nos calienten el coche.

Creados al principio

¿*Cuándo* creó Dios a los ángeles?

El Señor le dijo a Job que los ángeles ya estaban en la escena para celebrar cuando la tierra fue creada. Le pregunta a Job en 38:4: "¿Dónde estabas tú cuando yo fundaba la tierra?" Job, por supuesto, no estaba allí; por tanto, para beneficio de él, Dios añade algunos detalles de cómo fue ese hecho extraordinario: fue "cuando cantaban a coro las estrellas matutinas, y todos los ángeles gritaban de alegría" (38:7). Job no estaba allí cuando fue formada la tierra, pero los ángeles sí, y se estaban divirtiendo, también. Por consiguiente, es evidente que los ángeles fueron creados antes del tercer día de la semana de la creación, el día en que Dios juntó las aguas en los mares, y apareció la tierra seca (Génesis 1:9, 10).

El Salmo 104 parece reflejar el mismo tiempo de aparición de los ángeles. Es un salmo de alabanza a la grandeza de Dios por la manera como Él creó y sostiene a toda la creación. Con imágenes muy poéticas, las primeras frases dan una visión amplia de lo que Dios creó. El Salmo parece seguir la misma secuencia que se ve en Génesis 1: primero que todo, la luz; después, los cielos y la reunión de las aguas del cielo; después, la tierra, los mares, los animales, y el hombre. Después viene en esta sucesión, naturalmente, el versículo 4, que dice: "El que hace a los vientos sus mensajeros, y a las flamas de fuego sus ministros". Estas palabras se toman, a menudo, como una referencia a los ángeles. Esa es la manera como el escritor neotestamentario los cita en Hebreos 1:7. Y en el Salmo 104, esta referencia a los ángeles viene inmediatamente antes de la primera mención de la Tierra, en el versículo 5: "El fundó la tierra sobre sus cimientos".

El científico creacionista, Dr. Henry Morris, un buen amigo mío y miembro de nuestra iglesia, dijo que él creía que los ángeles fueron hechos en el segundo día de la creación. Señaló al Salmo 104 y a su implicación de que los ángeles vinieron como "el siguiente acto después de la creación del cosmos, y del establecimiento del trono divino bañado de luz". Muy probablemente, los ángeles son más antiguos que cualquier cosa en el mundo tal como lo conocemos.

¿Ha creado Dios más ángeles desde entonces? No tengo ninguna razón bíblica para creer que haya hecho eso. Y, al parecer, tampoco ha habido una reducción en su número (excepto por la expulsión de los ángeles caídos, de lo que nos ocuparemos más tarde). Tampoco ha habido un aumento, ya que los ángeles no se reproducen, conforme a la afirmación de Jesús de que los ángeles no se casan (Mateo 22:30; Marcos 12:25; Lucas 20:34-36). Hoy tenemos el mismo número de ángeles que hemos tenido siempre.

Los ángeles son innumerables

Exactamente. Pero, ¿cuántos ángeles son eso?

La Biblia no da un número exacto, pero hay muchas evidencias de que son una multitud imponente.

En aquella oscura noche de agonía, cuando un ángel vino a ministrar al Hijo de Dios mientras oraba en Getsemaní, Jesús tuvo que impedir que sus discípulos lucharan contra los soldados que vinieron a arrestarlo. Cristo amonestó a sus hombres con estas palabras: "¿Piensas que no puedo rogar a mi Padre, y Él pondría a mi disposición ahora mismo más de doce legiones de ángeles?" (Mateo 26:53). Eso era suficiente para que cada discípulo tuviera su propia legión de modo que fueran sus guardaespaldas personales. Una legión romana normal tenía entre tres mil y seis mil hombres, a menudo con el mismo número de combatientes de refuerzo. Por tanto, el ejército total que Jesús trajo a la mente sería tan grande como 144.000 soldados celestiales.

En una imagen majestuosa y atemporal de Hebreos 12:22, se nos dice que nos hemos acercado a "*millares y millares* de ángeles, a una asamblea gozosa". En otras traducciones, esta asamblea es llamada "un *sinnúmero* de ángeles felices", "*miles* de ángeles que alaban a Dios", o "*incontables* miles de ángeles". Es la palabra griega traducida como *miríada*, que vimos antes con el significado de decenas de miles o un número inmenso. En el Salmo 68:17, David probablemente está pensando en guerreros angelicales cuando dice: "Los carros de Dios son *miríadas, millares y millares*".

En una de las visiones de Daniel en Babilonia, él vio a Dios (a quien llamó "el Anciano de días") en un trono ardiente rodeado de seres angelicales: "*Miles de millares* le servían, y *miríadas de miríadas* estaban delante de Él (Daniel 7:10 LBLA).

El mismo lenguaje se repite en la visión de Juan del trono de Dios, en Apocalipsis 5:11. "Y miré, y oí la voz de muchos ángeles alrededor del trono... y su número era *millones de millones*".

Eso es suficiente para llenar el estadio de beisbol de los Ángeles de California en Anaheim en cada partido jugado en casa durante casi veinte años, sin que nadie esté allí por segunda vez.

Al utilizar tales números, las Escrituras están, probablemente, describiendo simplemente un ejército indeciblemente grande, mucho más ángeles de lo que cualquiera de nosotros pudiera mirar y contar. Eso no quiere decir que Dios no conozca su número. Las Escrituras dicen que Él ha contado los cabellos de nuestra cabeza (Mateo 10:30). Y Él ha contado y dado nombre a todas las estrellas (Salmo 147:4); y sabe que "no falta ninguna de ellas" (Isaías 40:26). Si Él ha contado todas las estrellas y todos nuestros cabellos, con toda seguridad ha contado también los ángeles.

Dado que cierta porción de los ángeles se convirtió en ángeles caídos junto con Satanás, algunos eruditos bíblicos han especulado que quizá cada lugar en el cielo abandonado por un ángel caído será llenado en la eternidad por un ser humano redimido. Eso haría que la población del cielo volviera a ser la misma cuando fueron creados los ángeles.

Los ángeles son del cielo

Los ángeles, es decir, los ángeles buenos, definitivamente llaman al cielo de Dios su hogar. Esto lo vemos especialmente en los evangelios y en el libro de Apocalipsis. Quien ministró a Jesús mientras oraba en Getsemaní, es llamado "un ángel *del cielo*" (Lucas 22:43). Tres días después, un ángel "bajó *del cielo*" para quitar la piedra que cerraba su tumba (Mateo 28:2). Jesús se refiere a menudo a los "ángeles *en los cielos*" (Mateo 18:10; 22:30; 24:36). Los ángeles que anunciaron su nacimiento son llamados "las huestes *celestiales*" (Lucas 2:13), y cuando se alejaron de los pastores regresaron "al *cielo*" (2:15).

El cielo es su morada, porque los ángeles pertenecen exclusivamente a Dios. La mejor definición de los cielos es la morada de Dios. "*El cielo es mi trono*", dice Dios Isaías 66:1, y es allí donde viven y trabajan los ángeles. Si usted tiene la tendencia a imaginar que los ángeles pasan la vida holgazaneando en nubes esponjosas, o volando de una estrella a otra, ha pasado por alto una gran verdad. Ellos habitan en el salón del trono de Dios, porque pertenecen a Dios. Jesús se refirió específicamente a ellos como los ángeles *de Dios* (Lucas 12:8, 9; 15:10). Él prometió a los discípulos que cuando vieran el "cielo abierto", verían también a "los ángeles *de Dios*" subir y bajar sobre Él (Juan 1:51).

Puesto que Jesús es Dios, también se refirió a los ángeles como pertenecientes a Él, especialmente cuando habló de su regreso a la Tierra y su juicio venidero (Mateo 13:41; 16:27; 24:31).

Los santos ángeles, los ángeles buenos, pertenecen solo al Dios de la Biblia, y por lo tanto a su cielo. No pertenecen a la Tierra, ni a ninguna religión o filosofía terrenales.

Los ángeles son seres espirituales

Una vez alguien me preguntó: "¿Sabe usted por qué los ángeles pueden volar?" Y contesté: "No. ¿Por qué?" Esa persona me respondió: "Porque no tienen peso". En cierto modo, tiene razón. Los ángeles son seres espirituales, sin cuerpos materiales permanentes para ir de un lado a otro. Se les llama específicamente "*espíritus* ministradores" (Hebreos 1:14). Así pues, cada ángel es un espíritu. Pero, ¿qué significa eso? A. W. Tozer define la palabra *espíritus* de esta manera:

> Espíritu significa existencia en un nivel que está por encima y más allá de la materia; significa que la vida subsiste en otra modalidad. El espíritu es sustancia que no tiene peso, dimensión, tamaño o extensión en el espacio. Estas cualidades pertenecen a la materia, y no pueden tener aplicación al espíritu. Sin embargo, el espíritu tiene ser verdadero y es objetivamente real.

Los ángeles son reales; pero sin sustancia material como la pensamos. Evidentemente, no tienen naturaleza física, respiración o sangre. Si ocupan alguna forma de cuerpos permanentes, estos serían cuerpos espirituales, quizá como los que tendremos nosotros algún día en la eternidad (1 Corintios 15:44). Los ángeles no se casan, como vimos antes en palabras de Jesús, y no procrean.

Usted y yo somos seres espirituales, también. Pero a diferencia de los ángeles, también somos seres físicos. Lamentablemente, aquí en la tierra nuestra naturaleza física tiende a restar importancia a nuestra naturaleza espiritual.

Debe ser su naturaleza espiritual —como también su santidad espiritual— lo que permite a los ángeles la continua cercanía a Dios de que disfrutan, porque en esto se parecen a Dios. Jesús dijo: "Dios es espíritu, y quienes lo adoran deben hacerlo en espíritu y en verdad" (Juan 4:24 NVI).

Seres espirituales, pero limitados

Pero no podemos dar por sentado que la naturaleza espiritual de los ángeles es idéntica a la naturaleza espiritual de Dios. Algunos teólogos llegan a decir que, si bien los ángeles no tienen cuerpos materiales en comparación con el hombre, *sí* tienen cuerpos materiales en comparación con Dios, porque la espiritualidad esencial de Dios está en un nivel más alto que la de ellos. Aquí nos encontramos de nuevo con más del misterio que rodea a los ángeles.

En su estado espiritual, los ángeles tienen muchas limitaciones que Dios nunca puede tener. Por ejemplo, los ángeles no pueden estar en más de un lugar a la vez, a diferencia de Dios, que está en todas partes de inmediato. Solo Dios es infinito en su localización; Él es *omnipresente*. La extasiada confesión de David a Dios en el Salmo 139, es que no importa a dónde fuera o imaginara ir, "allí *tú* estás".

Los ángeles también están limitados en conocimiento. Jesús dijo que los ángeles no conocen el tiempo de su segunda venida al mundo, e incluso Él mismo no tuvo ese conocimiento mientras estuvo en la Tierra (Mateo 24:36; Marcos 13:32). Pero Dios en el cielo sabe siempre "lo por venir desde el principio", y puede comunicar sus planes a quien Él quiera (Isaías 46:10). Él es *omnisciente*, infinito en conocimiento.

Los ángeles también están limitados en poder, aunque su poder es, sin duda, asombroso de contemplar.

En Apocalipsis 7:1, vemos cómo solo cuatro de ellos pueden estar de pie y detener vientos destructivos listos para asolar la tierra. Tres veces en Apocalipsis, Juan dice que vio un "ángel *poderoso*". El que está en 18:21 "levantó una piedra del tamaño de una gran rueda de molino, y la arrojó al mar".

La fuerza de los ángeles cuando desencadenan destrucción y violencia es especialmente evidente en Apocalipsis, en cuanto Cristo abre los siete sellos. En caso de que alguien le diga que rechaza esta destructiva imagen porque es incompatible con las enseñanzas de Jesús sobre la paz, la benignidad y el amor, indique a esa persona que cuando Cristo abre estos sellos, es descrito siempre como "el Cordero". A las personas que les gustan ángeles suaves y delicados, usualmente buscan también un Dios suave y delicado. Pero Dios nunca es así, y tampoco lo son sus servidores celestiales.

Pero, a pesar de lo poderosos que son los ángeles, no son todopoderosos como Dios. No tienen poder propio, y son impotentes sin Dios. Solo pueden desplegar la energía que Dios canaliza a través de ellos. Operan dentro de la autorización divina que A. W. Tozer describe tan bien:

> Dios ha delegado poder a sus criaturas, pero por ser autosuficiente, Él no puede renunciar a nada de sus perfecciones; y siendo una de ellas el poder, nunca ha traspasado ni un ápice del mismo. Él da, pero no renuncia a lo que le pertenece. Todo lo que Dios da sigue siendo suyo, y vuelve a Él de nuevo.

Por la eternidad tiene que seguir siempre lo que ha sido siempre, el Señor Dios omnipotente.

Cuando Jesús estuvo delante de Pilato en espera de la sentencia de crucifixión, le dijo al gobernante: "No tendrías ningún poder sobre mí si Dios no te lo hubiera dado" (Juan 19:11). Lo mismo puede decirse de los ángeles y de los hombres. Los ángeles no tendrían ningún poder si no les hubiera sido dado de arriba. Y lo que se les ha dado es limitado.

Los ángeles pueden enfrentar luchas. El ángel que habló con Daniel mencionó que había sido "detenido" por el encuentro con lo que aparentemente era un gobernante demoníaco, y dijo que el ángel Miguel "vino para ayudarme". Al parecer, este ángel necesitó la ayuda del arcángel Miguel para vencer el poder maligno que encontró.

Dios, y solamente Dios, es infinito en poder. El ángel Gabriel expresó magníficamente: "para Dios no hay *nada* imposible." (Lucas 1:37 NVI)

Otro misterio también es que la santidad de los santos es limitada, y menor que la de Dios. Esto lo vemos en el hecho de que algunos ángeles cayeron junto con Satanás de su estado original de bondad. Pero Dios será siempre perfectamente santo, justo, recto y amoroso. Él es infinito en bondad. "Prueben y vean que el Señor es bueno" (Salmo 34:8). Jesús nos dice: "Vuestro Padre que están en los cielos es perfecto" (Mateo 5:48).

En una dramática escena de Apocalipsis 5, tenemos un atisbo de la limitación de los ángeles, tanto en poder como en santidad. Ángeles en todo su esplendor rodean el trono de Dios. Él tiene en su mano derecha el rollo escrito por ambos lados, sellado con siete sellos. Un "ángel poderoso" grita: "¿Quién es digno de romper los sellos y de abrir el rollo?" Sin duda, uno de los majestuosos ángeles sería merecedor de esa tarea. "Pero ni en el cielo ni en la tierra, ni debajo de la tierra, hubo nadie capaz de abrirlo ni de examinar su contenido". Solamente el Cordero, Jesucristo, es digno de eso. Los ángeles no eran más dignos de este honor que usted o yo, o que los habitantes del infierno.

Seres espirituales, como viento

Los ángeles son descritos en la Escritura como "vientos" y como "llamas de fuego" (Salmo 104:4; Hebreos 1:7). El viento y el fuego pueden ser las mejores cosas en la Tierra para ayudarnos a imaginar la naturaleza espiritual de los ángeles.

La palabra *viento* trae a la mente su naturaleza espiritual. Tanto en hebreo como en griego, la palabra traducida como "espíritu" puede significar tanto "aliento" como "viento". Y cuando la palabra es traducida en la Biblia como "viento", describe a una brisa o a una tormenta, y es fácil imaginar que quizá los ángeles tuvieron que ver algo con eso.

A veces, la conexión es obvia, como en el Salmo 18 de David. Aquí él escribe que Dios envió seres angelicales (llamados querubines) a su rescate:

> Inclinó los cielos, y descendió;
>   y había densas tinieblas debajo de sus pies.
> Cabalgó sobre un querubín, y voló;
>   voló sobre las alas del *viento*.

David vio al viento y a los ángeles juntos.

Mil años después, Jesús le dijo a Nicodemo: "El viento sopla de donde quiere, y oyes su sonido; mas ni sabes de dónde viene, ni a dónde va" (Juan 3:8). Luego agregó: "Así es todo aquel que es nacido del Espíritu". A lo cual pudiéramos nosotros también añadir:

"Lo mismo sucede con los ángeles". Porque los ángeles son seres espirituales en armonía con Dios, y por lo menos en ese sentido nos volvemos como ellos cuando nacemos de nuevo.

Muchos pasajes del Antiguo Testamento hablan de vientos fuertes que soplan en el día del juicio de Dios. Estos versículos anticipan los pasajes de juicio en Apocalipsis, donde los ángeles son muy activos en el cumplimiento de la ira de Dios. ¿Recuerda cuán poderosos los vimos en este trabajo? En los versículos que siguen, piense en el poder de los ángeles y vea si se puede imaginar a Dios enviando ángeles a "soplar":

> Cuando grites pidiendo ayuda,
> ¡que te salve tu colección de ídolos!
> A todos ellos se los llevará el *viento*;
> con un simple soplo desaparecerán.
> Pero el que se refugia en mí
> recibirá la tierra por herencia
> y tomará posesión de mi monte santo.
> (Palabras de Dios en Isaías 57.13 NVI)

> ¡Ay del rugido de muchas naciones!
> ¡Ay del clamor de los pueblos!
> ¡Su estruendo es como el de aguas caudalosas!
> Aunque esos pueblos braman como aguas encrespadas,
> huyen cuando él los reprende,
> arrastrados por el *viento*
> como la paja de los cerros,
> como el polvo con el vendaval.
> Al atardecer, ¡terror repentino!
> Antes del amanecer, ¡ya no existen!
> (Isaías 17:12-14 NVI)

> Secará el Señor el golfo del mar de Egipto;
> pasará su mano sobre el río Éufrates
> y lanzará un *viento ardiente*.
> (Isaías 11:15 NVI)

> En aquel tiempo se les dirá a este pueblo y a Jerusalén: Desde las estériles lomas del desierto sopla un *viento abrasador* en dirección a la capital de mi pueblo... porque yo mismo dictaré sentencia contra ellos. (Jeremías 4:11 NVI)

> Por tanto, así dice el Señor omnipotente: En mi furia desataré un *viento huracanado;* en mi ira, una lluvia torrencial; en mi furia, granizo destructor. (Ezequiel 13:13 NVI)

Tal vez un ángel preparó la tormenta que envió a Jonás por la borda a la boca de un gran pez: "Pero el Señor lanzó sobre el mar un *fuerte viento*, y se desencadenó una tormenta tan violenta que el barco amenazaba con hacerse pedazos" (Jonás 1:4 NVI).

Es incluso posible que el Espíritu Santo haya enviado ángeles para producir el gran ruido que se escuchó en el día del nacimiento de la iglesia, el día de Pentecostés, cuando "vino *del cielo* un ruido como el de una ráfaga de *viento impetuoso*" (Hechos 2:2).

No sabemos con seguridad si en todas estas situaciones estuvieron involucrados ángeles, pero no es difícil entender que pudieron haberlo estado.

Seres espirituales, como fuego

"Llamas de fuego" son la otra imagen que tenemos de los ángeles en el Salmo 104 y Hebreos 1. En las Escrituras, los ángeles frecuentemente están asociados con llamas, que tal vez usted querrá tener consigo un extintor de incendios mientras exploramos algunos de esos pasajes. Observe las numerosas maneras como se manifiesta el fuego de ellos.

Usted recordará que los querubines que custodiaban las puertas del Edén, tenían "una espada encendida que se revolvía por todos lados".

Más adelante, el ángel del Señor se le apareció a Moisés "en una llama de fuego en medio de una zarza". (Éxodo 3:2)

El ángel de Dios le pidió a Gedeón que preparara un sacrificio de carne y pan sin levadura, y que lo pusiera sobre una roca. Cuando el ángel tocó con la punta de su vara el sacrificio, "subió fuego de la roca que consumió la carne y el pan. Y el ángel desapareció". (Jueces 6:20, 21)

Manoa y su esposa (los padres de Sansón) recibieron la visita de un ángel, y Manoa ofreció también un sacrificio sobre una roca, que después fue consumido por el fuego. "Mientras la llama subía desde el altar hacia el cielo, el ángel del Señor ascendía en la llama". (Jueces 13:19-21)

Isaías vio un serafín que volaba hacia él "teniendo en su mano un carbón encendido". (Isaías 6:6)

La apariencia de los querubines que vio Ezequiel era como de "carbones encendidos o antorchas que se movían de un lado a otro entre los seres vivientes; el fuego resplandecía, y del fuego salían relámpagos". (Ezequiel 1:13)

El ángel que dejó sin fuerzas a Daniel a orillas del río Tigris tenía un rostro que "resplandecía como el relámpago", y ojos como "antorchas encendidas". (Daniel 10:4-6)

En la visión de Juan, él vio un ángel cuyas "piernas parecían columnas de fuego". (Apocalipsis 10:1)

Quizá uno de los seres más ocupados en el cielo es el que Juan menciona en Apocalipsis 14:18: "otro ángel, que *tenía poder sobre el fuego...*"

¿De dónde obtienen los ángeles todo ese fuego?

De Dios, por supuesto. "Nuestro Dios es *fuego consumidor*" (Hebreos 12:29). Cuando el Señor se encontró con Moisés en el monte Sinaí, este estaba "cubierto de humo", porque el Señor había descendido sobre él *en medio de fuego*" (Éxodo 19:18). Su fuego capta nuestra atención, así que escuchemos: "Nuestro Dios viene, pero no en silencio; delante de él *un fuego destructor*" (Salmo 50:3). El Señor prometió una vez ser una "*muralla de fuego* alrededor de su pueblo (Zacarías 2:5). Y ahora aguardamos el momento "cuando el Señor Jesús se manifieste desde el cielo entre *llamas de fuego*, con sus poderosos ángeles" (2 Tesalonicenses 1:7).

Asociamos al fuego con el infierno, y con frecuencia pensamos en las llamas como un instrumento del diablo. Pero al infierno le prenden fuego Dios y sus ángeles, quienes lanzarán tanto a Satanás como a todos los que pertenecerán a las atormentadoras llamas del "lago de fuego y azufre" (Apocalipsis 20:10, 15). Jesús habla del "fuego eterno preparado para el diablo y sus ángeles" (Mateo 25:41). El fuego del infierno no es algo que Satanás inventó para los seres humanos; Dios lo preparó para Satanás.

Isaías 66:15, 16 da una buena vista preliminar del venidero juicio ardiente. Aquí, como en otros pasajes de las Escrituras, la referencia a "carros" es probablemente una imagen de los ángeles. Los vemos asociados una vez más con viento y fuego:

> ¡Ya viene el Señor con fuego!
> ¡Sus carros de combate son como un *torbellino*!
> Descargará su enojo con furor,
> y su reprensión con *llamas de fuego*.
> Con *fuego* y con espada
> juzgará el Señor a todo mortal.
> ¡Muchos morirán a manos del Señor! (NVI)

El fuego es una herramienta de Dios, y él lo hace propiedad de los ángeles.

Seres espirituales, como estrellas

Sí, los ángeles son seres espirituales. Pero ya que son llamados "llamas de fuego", y puesto que la Escritura asocia, en ocasiones, a ángeles con estrellas, ¿es todo esto un indicio de que la sustancia de los ángeles es más bien como la de las estrellas —de esferas de fuego— que la de cualquier otra cosa?

Esa es una posibilidad sugerida por mi amigo Henry Morris, quien dijo:

> Este concepto está más allá de nuestra comprensión naturalista, pero no es razón para que lo rechacemos o espiritualicemos prematuramente. No conocemos la naturaleza de los ángeles. El hombre fue hecho de elementos químicos naturales y, por tanto, está sujeto a las fuerzas electromagnéticas y gravitacionales que controlan a estos elementos. Pero los ángeles no están limitados de esa manera. Pueden volar rápidamente desde el trono de Dios a la Tierra si Dios se los ordena, y no están limitados por la gravedad u otras fuerzas naturales.

Y tal vez está en lo cierto. A menudo, las personas en el día de hoy que reportan el avistamiento de un ángel lo han descrito en términos de una luz brillante o de una luminiscencia que no pueden describir, y que nunca habían visto antes.

Ciertamente, a menudo los ángeles están asociados en la Biblia con una luz radiante. Los ángeles que estaban en la tumba de Jesús tenían "ropas resplandecientes" (Lucas 24:4). El ángel que Cornelio vio tenía una "ropa brillante" (Hechos 10:30). Cuando un ángel vino a sacar a Pedro de la cárcel, se lee que "una luz resplandeció en la cárcel" (Hechos 12:7). En Apocalipsis leemos acerca de un ángel cuyo "rostro era como el sol" (10:1), y siete ángeles estaban vestidos "de lino resplandeciente" (15:6).

Parece ser que este aspecto particular de la presencia de los ángeles —su brillantez— es lo que Satanás trata de falsificar. Pablo nos advierte que "el mismo Satanás se disfraza como ángel de luz" (2 Corintios 11.14). Pero lo mismo que sucede con su llama, sucede también con su luz. Puede decirse con seguridad que cualquiera que sea el resplandor que rodea a los ángeles, el mismo procede directamente de la luz de Dios. Cuando el ángel se apareció a los pastores de Belén para anunciar el nacimiento de Cristo, "*la gloria del Señor* los envolvió en su luz, y se llenaron de temor" (Lucas 2:9). Era la gloria del Señor la que brillaba, no la gloria del ángel. Satanás nunca podrá duplicar esto. Solo los santos ángeles de Dios son realmente "ángeles de luz".

Ahora volvamos de nuevo a las estrellas. Echemos un vistazo a algunos pasajes de las Escrituras donde los ángeles están asociados específicamente con estrellas. Ya vimos en Job 38.7 que Dios dice que ángeles observaban cuando Él ponía los "cimientos" de la Tierra: "... mientras cantaban a coro las estrellas matutinas y todos los ángeles gritaban de alegría..." Si esto se refiere al tercer día de la creación, entonces "las estrellas matutinas" no podían ser las luces que vemos en un claro cielo nocturno, ya que estas no fueron creadas sino hasta el cuarto día. Por eso, es más probable que las "estrellas" sean otra manera de llamar a los ángeles, cantando gozosamente por las obras de Dios. Juan dice en su visión:

> ...vi que había caído del cielo a la tierra una estrella, a la cual se le entregó la llave del pozo del abismo. Lo abrió, y del pozo subió una humareda, como la de un horno gigantesco... (Apocalipsis 9:1, 2 NVI).

Esta estrella es interpretada en general como otro de los ángeles de Apocalipsis que son parte de la final y terrible revelación de Dios de su ira contra el mal.

En la guerra de Israel con los cananeos, una dramática batalla en contra del comandante Sísara se ganó solamente por intervención sobrenatural (Jueces 4:15). Después de la batalla, una frase del cántico de victoria de Deborah dice:

> Desde los cielos *lucharon las estrellas*, desde sus órbitas lucharon contra Sísara. (5.20 NVI).

Quizás esto sea un indicio de ángeles guerreros que ayudaron en la batalla.

Pudiera ser, incluso, que la estrella milagrosa que trajo a los magos a Belén haya sido, en realidad, un ángel, sirviendo fielmente a Dios en su cometido de guiar a adoradores al recién nacido rey.

Las estrellas, los ángeles y nosotros

Es fácil imaginar una apacible escena de David en los Salmos en la que las estrellas le recordaban a los ángeles. Quizá estaba tendido de espaldas sobre una colina, en una noche clara cerca de su hogar en Belén. (Tal vez fue la misma colina donde los pastores escucharon la buena noticia de un ángel mil años más tarde.) Cuando David alzó la vista, le vino la inspiración de una nueva canción, una canción que algún día se convertiría en nuestro Salmo 8.

Primero, David cantó sus alabanzas a Dios, a quien podía imaginar muy fuera de la vista, a una distancia aún más allá de las estrellas:

> ¡Oh Jehová, Señor nuestro,
> cuán glorioso es tu nombre en toda la tierra!
> Has puesto tu gloria *sobre los cielos*.

Su voz siguió vibrando en un río de palabras, mientras dirigía una profunda pregunta a Dios:

> Cuando contemplo tus cielos,
> obra de tus dedos,
> la luna y las estrellas que allí fijaste,
> me pregunto:
> '¿*Qué es el hombre,* para que en él pienses?
> ¿Qué es el ser humano, para que lo tomes en cuenta?'

David tenía su mente puesta en el hombre, mientras miraba la multitud de estrellas que había de un extremo al otro del horizonte. Le hacían pensar en los ángeles —en esos seres celestiales que estaban por encima de él, como las estrellas, y, sin embargo, no muy lejanos.

En la siguiente estrofa del cántico, agregó otro pensamiento sobre el hombre:

> Le has hecho poco menor que los ángeles, y lo coronaste de gloria y de honra.

David estaba maravillado de que el Dios majestuoso cuidara al hombre y se preocupara tanto por el hombre. Pero David sabía que los ángeles y los hombres están más cerca entre sí, que lo que cualquiera de ellos está del Dios Santo.

Las estrellas, los ángeles, la tranquila colina, todo esto es una maravillosa escena para quedarse absorto.

El claro cielo nocturno puede ser una de las mejores imágenes que tenemos ahora mismo de la hueste de ángeles desplegados como estrellas alrededor de la sala del trono de Dios, irradiando alabanza y adoración. Salga en breve una de estas noches, y enfóquese en esa dirección, especialmente si está agobiado por las preocupaciones y las dificultades terrenales.

Acepte con gratitud la invitación del Señor en Isaías 40:26: "Alcen los ojos y miren a los cielos" y recuerde al que ha "creado todo esto" y quien "ordena la multitud de estrellas una por una, y llama a cada una por su nombre".

Usted quizá recuerda el ejemplo de Abraham en Génesis 15. Como a menudo sucede con usted y conmigo, Abraham necesitaba algo. Y le preguntó a Dios: "Oh Señor Dios, ¿qué me darás?" (15:2). Esto se parece mucho a nuestras preguntas de: "¿Cómo puedes solucionar este problema, Señor?", o, "Señor, ¿cuándo me sacarás de este aprieto?", y especialmente: "Padre celestial, ¿cuándo vas a hacer lo que prometiste?" Como respuesta, Dios llevó fuera a Abraham, bajo un cielo nocturno resplandeciente, y le dijo: "Mira ahora los cielos, y cuenta las estrellas, si las puedes contar".

Tal vez esta sea una imagen de cómo debemos pensar en los ángeles. No podemos contarlos, como tampoco podemos contar las estrellas. (¡Cuanto más potentes son nuestros telescopios, más numerosas son las estrellas que hay para contar!)

En todo caso, al igual que David, podemos ver en esas estrellas una imagen asombrosa del cuidado y de la preocupación de Dios por nosotros. Es un amor que viene no solos a través de miles o millones de ángeles que Dios creó para servirnos, sino también en mil o un millón de otras maneras. "De su plenitud todos hemos recibido gracia sobre gracia" (Juan 1:16 NVI).

Mire a las estrellas y quedará maravillado. Luego, confíe en Dios y encuentre su recompensa, como lo hizo Abraham: "Y creyó a Jehová, y le fue contado por justicia" (Génesis 15:6).

Entonces, las estrellas son un buen recordatorio de los ángeles, pero también de algo más. El libro de Apocalipsis comienza con la visión que tuvo Juan de Jesucristo glorificado. Vio a Jesús sosteniendo algo: "En su mano derecha tenía siete estrellas" (1:16). ¿Qué son estas estrellas? Jesús mismo nos lo dice: "El misterio de las siete estrellas que has visto en mi diestra… son los ángeles de las siete iglesias" (1:20).

Las páginas siguientes de Apocalipsis nos dan mensajes de Jesucristo para cada uno de estas "siete iglesias", localizadas en siete ciudades de Asia Menor, donde se habían asentado cristianos. Cada mensaje es dirigido de forma idéntica: "Escribe al ángel de la iglesia…" ¿Quiénes son estos siete "ángeles", que también son representados como siete estrellas? La mejor explicación parece ser que son los pastores que dirigen y pastorean esas siete iglesias. El Señor Jesús les ordena comunicar fielmente su Palabra a las personas de esas siete iglesias. Ellos eran sus mensajeros, sus embajadores. En este sentido, nosotros también podemos ser más como los ángeles de lo que pudiéramos haber pensado que fuera posible. Porque también nosotros hemos recibido del Señor Jesús la orden de comunicar con fidelidad su divino mensaje, el evangelio.

> Dios estaba en Cristo reconciliando consigo al mundo, no tomándoles en cuenta a los hombres sus pecados, *y nos encargó a nosotros la palabra de la reconciliación.* Así que, somos embajadores en nombre de Cristo, como si Dios rogase por medio de nosotros. (2 Corintios 5:19, 20)

Por eso es que nosotros, también, podemos ser como estrellas, siempre y cuando no dejemos que nuestro quejumbroso personalismo estorbe nuestro testimonio. Pablo lo dice de esta manera:

> Háganlo todo sin quejas ni contiendas, para que sean intachables y puros, hijos de Dios sin culpa en medio de una generación torcida y depravada. En ella *ustedes brillan como*

> *estrellas* en el firmamento, manteniendo en alto la palabra de vida. (Filipenses 2.14-16 NVI)

Si usted quiere ser como un ángel —incluso hasta el punto de brillar como una estrella— deje entonces las quejas y las contiendas, y permita que Dios lo convierta en un fiel predicador de la Palabra de vida. El mundo está en tinieblas, y necesita desesperadamente su luz de estrella.

La próxima vez que usted vea un cielo nocturno cargado de estrellas, piense en los ángeles... y también en usted.

Capítulo 6

CUANDO LOS ÁNGELES APARECEN

NO HAY MANERA de saber con qué frecuencia han estado involucrados los ángeles en la vida de usted. Uno de ellos podría estar a su lado en este momento, ayudándole a pasar las páginas de este libro. (¡Qué gran honor sería eso para nosotros dos!) Pero no podemos saberlo con seguridad, porque los ángeles son invisibles en su mayoría.

Eso puede parecer incómodo, pero Billy Graham nos ayuda a verlo en perspectiva:

> Aunque los ángeles pueden hacerse visibles cuando lo desean, nuestros ojos no están hechos para verlos normalmente, más de lo que somos capaces de ver las dimensiones de un campo nuclear, la estructura de los átomos, o la electricidad que fluye a través de cables de cobre. Nuestra capacidad de sentir la realidad es limitada: El ciervo del bosque sobrepasa ampliamente nuestra capacidad humana en su agudeza del sentido del olfato. Los murciélagos poseen un sistema de radar incorporado extraordinariamente sensible. Algunos animales

> pueden ver cosas en la oscuridad que escapan a nuestra atención. Las golondrinas y los gansos poseen sofisticados sistemas de orientación que parecen rayar en lo sobrenatural. Entonces, ¿por qué debemos pensar que sería extraño que los humanos no seamos capaces de percibir las evidencias de la presencia angélica?

Pero, en ocasiones, los ángeles aparecen en las Escrituras como personas humanas comunes. Gedeón, al comienzo, no pareció reconocer como un ángel la persona que estaba de pie delante de él (Jueces 6:12, 13). Tampoco el padre de Sansón, Manoa, (Jueces 13:16) pero la esposa de Manoa fue más rápida para entenderlo. "Un hombre de Dios vino adonde yo estaba. Por su aspecto imponente, parecía un ángel de Dios (13:6).

Cuando los ángeles vinieron a salvar a Lot y a su familia de Sodoma, Lot dio por sentado que ellos eran solo unos hombres cuando les dio la bienvenida, los invitó luego a venir a su casa para que no estuvieran en las horribles calles de Sodoma, y los colmó de hospitalidad (Génesis 19.1- 3). Antes de rescatar a Lot, estos mismos seres celestiales habían estado visitando a su famoso tío. "Cuando Abraham estaba sentado a la entrada de su carpa, a la hora más calurosa del día", nos dice el pasaje, "alzó la vista, y vio a tres *hombres* de pie cerca de él" (18:1, 2 NVI). Abraham también prodigó hospitalidad a estos visitantes, a quienes percibió primero como hombres, y después de lavarse comieron lo que había cocinado Sara. Pero Abraham, el hombre de fe y amigo de Dios, pareció captar con más rapidez que Lot la presencia del Señor en estos "hombres".

El Nuevo Testamento da a entender que todavía es posible recibir visitas de ángeles que parecen ser solamente humanos. ¿Recuerda la porción al respecto de esto que aparece en Hebreos 13:2? Allí se nos dice: "No se olviden de practicar la hospitalidad, pues gracias a ella algunos, sin saberlo, hospedaron ángeles". Si usted realmente cree en la existencia de los ángeles, y le gustaría hospedarlos u honrarlos (como un gesto de agradecimiento, quizá por todo lo que lo hacen a favor de usted), piense en la posibilidad de mejorar su hospitalidad para con los desconocidos. No será hasta la eternidad que sabrá si algunos de ellos fueron ángeles, pero de todas maneras, la posibilidad es emocionante. (Por supuesto, hay un motivo aún más fuerte para que usted sea misericordioso y dé a quienes no conoce bien. Jesús dijo en Mateo 25:35. "Fui forastero, y me recogisteis". Si respetamos y servimos a los extraños, el Señor lo cuenta como un servicio hecho a Él mismo.)

Más frecuente en las Escrituras que las apariciones no detectadas de espíritus celestiales, son los momentos en que no hay ningún error en cuanto a esto: puede haber un ángel en la escena cotidiana.

Jacob estuvo seguro de eso. Estaba volviendo a casa, a la tierra de su abuelo Abraham y de su padre Isaac, cuando en el camino, "unos ángeles de Dios salieron a su encuentro" (Génesis 32:1). ¿Y cuál fue su respuesta cuando los vio? Fue un grito: "¡Este es el campamento de Dios!" (32:2). Jacob tuvo todavía que luchar un poco con el Señor, pero su sensibilidad estaba en el camino correcto. Sabía que Dios estaba con él.

Daniel estaba aún más seguro de lo que vio. Su informe en Daniel 10 acerca de la impresionante figura que vio en la orilla del río ha sido llamado la descripción más detallada en la Escritura de la aparición de un ángel. Notemos cuánto observó Daniel:

> ...levanté los ojos y vi ante mí a un hombre vestido de lino, con un cinturón del oro más refinado. Su cuerpo brillaba como el topacio [una piedra preciosa amarilla o dorada], y su rostro resplandecía como el relámpago; sus ojos eran dos antorchas encendidas, y sus brazos y piernas parecían

> de bronce bruñido; su voz resonaba como el eco de una multitud. (10:5, 6 NVI)

Con toda seguridad, Daniel no echó más que un breve vistazo, y no es de extrañar que la experiencia lo dejara agotado. "Las fuerzas me abandonaron", dice; "palideció mi rostro, y me sentí totalmente desvalido" (10.8). Una mirada de reojo solamente habría sido suficiente para darle a cualquiera un dolor de cabeza.

Ya hemos visto en muchos otros pasajes de la Biblia cómo aparecen ángeles en diversos grados de luz, fuego y gloria. Pero vale la pena echar otro vistazo a algo fascinante. Notemos, por ejemplo, lo que está registrado en cuanto al color de sus vestiduras después que Jesús resucitó de los muertos: el aspecto del ángel que removió la piedra de la tumba de Jesús, "era como el de un relámpago, y su ropa era blanca como la nieve" (Mateo 28:3). Cuando varias mujeres vinieron al sepulcro, los ángeles que vieron son descritos como "un joven vestido con un manto blanco" (Marcos 16:5); "dos ángeles vestidos de blanco" (Juan 20:12); y "dos hombres con ropas resplandecientes" (Lucas 24:4).

Cuarenta días después, los ángeles que estaban sobre la tierra cuando Jesús ascendió al cielo, se aparecieron a los discípulos como "dos hombres vestidos de blanco" (Hechos 1:10).

Varios años más tarde, las criaturas angélicas que adoraban y a quienes vio Juan como veinticuatro ancianos, estaban "vestidos de blanco y con una corona de oro en sus cabezas" (Apocalipsis 4:4).

El color blanco en las Escrituras está asociado no solo con la pureza, sino también con la alegría. "Come tu pan con gozo, y bebe tu vino con alegre corazón", se nos dice en Eclesiastés 9:7, 8, "porque tus obras ya son agradables a Dios. *En todo tiempo sean blancos tus vestidos,* y nunca falte ungüento sobre tu cabeza". El cumplimiento —que conmueve a nuestras almas— de esa instrucción para el pueblo de Dios está anunciado en Apocalipsis 7. En su visión, Juan vio una multitud incontable de entre todos los grupos étnicos del mundo de pie delante de Dios. Estaban "*vestidos de blanco*, y llevaban palmas en las manos". Los ángeles se unieron a ellos en su gozosa alabanza a Dios. Entonces, uno de los ancianos vestidos de blanco le dijo a Juan que estos adoradores humanos "han lavado sus ropas, y las han emblanquecido en la sangre del Cordero" (7:14). La multitud vestida con ropas blancas tenía el gozo asegurado, porque el anciano le prometió a Juan que "Dios enjugará toda lágrima de los ojos de ellos" (7:17).

La blancura se vuelve aún más deslumbrante cuando visualizamos al Señor yendo a la victoria final con sus ángeles. Disfrute esta escena con Juan:

> Luego vi el cielo abierto, y apareció *un caballo blanco. Su jinete se llama Fiel y Verdadero*. Con justicia dicta sentencia y hace la guerra. Sus ojos resplandecen como llamas de fuego, y muchas diademas ciñen su cabeza. Lleva escrito un nombre que nadie conoce sino sólo él. Está vestido de un manto teñido en sangre, y su nombre es 'el Verbo de Dios'. Lo siguen los ejércitos del cielo, *montados en caballos blancos y vestidos de lino fino, blanco y limpio*. (Apocalipsis 19:11-14 NVI)

Un gozo tan puro y blanco como la nieve es lo que nos espera cuando participemos de la victoria del Señor y sus ángeles.

Nuestros ojos abiertos para verlos

Tener un destello de los ángeles no depende únicamente de la forma que Dios quiera darlo. La Escritura apoya el hecho de que el Señor debe abrir nuestros ojos antes de que podamos verlos. Muchas ocasiones, en la Escritura una sola persona pudo ver a un ángel, pero las demás que estaban junto a él no pudieron verlo —como en el caso de Daniel y sus compañeros en las orillas del Tigris (Daniel 10).

Una vez, una asna pudo ver a un ángel, pero la persona que la montaba no pudo verlo. Fue la asna de Balaam. El milagro más grande en esa historia no fue tanto que una asna *viera* un ángel, sino que un hombre como Balaam pudiera *ver* a un ángel.

¿Recuerda la historia? Balaam era conocido internacionalmente como un adivino (mitad mago, y mitad profeta, por así decirlo), y el rey de las maldiciones y las bendiciones. Era un "vidente" (se suponía que "veía" lo que los demás no podían ver). Si alguien en el mundo podía esperar detectar ángeles, esa persona era Balaam.

Un día, fue invitado por el rey Balac de Moab para que pronunciara unas maldiciones contra Israel. Dios le comunicó de inmediato lo que debía decir. Le ordenó a Balaam que no regresara con los príncipes moabitas que le habían traído la invitación del rey. Le dijo que Israel era bendito, no maldito. Eso debería haber sido el final del asunto para Balaam. Pero el rey de Moab envió su invitación de nuevo, esta vez por medio de príncipes "más numerosos y distinguidos que los primeros" (Números 22:15). Además, Moab elevó su pago prometido por las maldiciones de Balaam: "Te pagaré todo el dinero que quieras" (22:17). Balaam, por tanto, dijo que iba a consultar de nuevo a Dios.

Quince siglos más tarde, el apóstol Pedro definiría exactamente el carácter de Balaam de esta manera: "Amó el pago de la iniquidad" (2 Pedro 2:15). El Señor tenía un plan para lograr por medio de Balaam algo mucho más grande de lo que este adivinador pagano podía comprender. "De acuerdo", le dijo Dios a Balaam esa noche, "Ve". Un personaje famoso y hambriento de dinero iba a ser humillado. Al amanecer, Balaam ensilló su animal y tomó el camino a Moab para reunirse con el rey Balac. No se podía imaginar lo enojado que estaba Dios con él. ¿Qué tan enojado?

Lo suficientemente enojado como para apostar su ángel con una espada desenvainada en medio del camino a Moab (y para colmo, en un sitio estrecho que no le permitía hacer ningún giro). La pobre burra debió haber estado tan aterrorizada como cualquier ser humano ante tal visión. Intentó todo lo que pudo para que ella y su amo se alejaran de esa impresionante presencia. Pero Balaam, el vidente de fama mundial, no notó a su visitante. Lo que sí notó fue el extraño comportamiento de su burra. Balaam se enojó, y la azotó con su vara. (¿Quién era el burro en esta historia, en cualquier caso?)

Dios hizo ahora un milagro en dos etapas para abrir lo que estaba cerrado. Cada paso era muy fácil de hacer por Él, como cualquier otro milagro. Primero abrió la boca de la burra, y le permitió hablar. Balaam estaba tan alterado y furioso, que se puso a discutir con ella. "¡Si tuviera una espada en la mano", le dijo, "te mataría ahora mismo!" (Números 22:29). Segundo paso: Dios abrió los ojos de Balaam para que viera dónde estaba realmente una espada y en mano de quién estaba. "Pudo ver al ángel del Señor en el camino y empuñando la espada (22:31).

"Esa burra", le dijo el ángel, "acaba de salvarte la vida".

Como haría cualquiera si una espada le apuntara al cuello, Balaam demostró de repente sumisión, o todo pareció indicar eso. Dios le mostró visiones asombrosas de cuán bendecido era realmente el pueblo de Israel. Balaam se mantuvo dócil el tiempo suficiente para transmitir esas visiones al muy frustrado rey Balac. Todo el tiempo, la imagen de esa espada angélica levantada debió haber estado destellando en la mente de Balaam. En cualquier momento, el ángel podía hacerse visible de nuevo. Balaam no se arriesgó.

Sin embargo, su temor a Dios desapareció pronto. Lo que Balaam y el rey de Moab no pudieron hacer a Israel por medio de la adivinación, trataron de lograrlo mediante la seducción. Jesús mismo revela su maldad mientras habla a Juan en Apocalipsis 2:14: "Balaam…

le aconsejó a Balac que hiciera pecar a los israelitas, y además los animó a adorar dioses falsos y a comer de lo que se les había ofrecido". Esa sórdida historia es relatada en Números 25.

Balaam también se involucró con los madianitas, otro grupo de enemigos de Israel, en un nuevo intento de seducir a Israel (25:14-18). Esta vez, eso le costó la vida. Dios ordenó a su pueblo que tomara venganza de los madianitas. La lista de las víctimas en Números 31:8 está encabezada por los nombres de los cinco reyes madianitas muertos por los israelitas. Luego están estas palabras: "También mataron a espada a Balaam, hijo de Beor". Ver la espada del ángel del Señor no fue suficiente para enmendar a Balaam. Por tanto, la espada del hombre lo envió a su ajuste de cuentas en la eternidad.

Pero hay una historia más feliz en las Escrituras acerca de Dios, en la que Él abre los ojos de alguien para que viera unos ángeles. ¡Qué delicia es escuchar esto de nuevo!

Seiscientos años después del tiempo de Balaam, Israel estaba en guerra con Siria. Eliseo, el profeta del Señor, tenía el poder de discernir todos los secretos militares de Siria. Naturalmente, compartía sin demora estos descubrimientos con el rey de Israel.

El rey sirio comprendió que había de encontrar una solución para esa clase de filtración. Envió su ejército para capturar a Eliseo. Lo encontraron en la ciudad de Dotán, y rodearon el lugar por la noche con soldados, caballos y carros (2 Reyes 6:8-14). No había una manera de escapar. Temprano a la mañana siguiente, el siervo de Eliseo salió y descubrió la terrible celada. Desesperado, le informó a su amo la difícil situación. "¿Qué haremos?", gritó.

Eliseo le dijo que no temiera. "Más son los que están con nosotros, que los que están con ellos" (6:16). El profeta sabía que, francamente, el siervo encontraría que tal optimismo era difícil de tragar. Israel no tenía ejércitos en Dotán. Entonces Eliseo oró: "Ábrele, ábrele los ojos para que vea".

Dios respondió su oración. "El Señor abrió los ojos del criado, y miró, y he aquí que el monte estaba lleno de caballos y carros de fuego alrededor (6:17). Ese era el ejército *de Dios* con ellos, su hueste de ángeles.

En el resto del pasaje, el siervo no se menciona más. Debió haber estado principalmente mirando con asombro lo que sucedió después. Al final resultó que la visión de esos ángeles guerreros debió haber sido solo para infundir confianza y valentía en Eliseo y su compañero. Los ángeles no entraron en batalla. Cuando los soldados sirios se acercaban a él, Eliseo oró a Dios pidiendo que hiriera con ceguera los ojos de ellos. En esta condición, Eliseo dirigió las tropas sirias en el camino por diez millas hasta Samaria, y a las manos del rey y del ejército de Israel. Solamente entonces oró Eliseo para que fueron abiertos los ojos de los sirios. En ese momento descubrieron que en vez de tener a Eliseo como prisionero, ellos eran sus propios prisioneros. La gloria por la victoria era de Dios.

Ver a esos ángeles debió haber convencido a Eliseo de que la fuerza de un ejército enemigo nunca es una amenaza real cuando se está del lado de Dios. Cuando el rey de Israel preguntó si debía matar a los cautivos sirios, Eliseo dijo que no. "Dales más bien de comer, y envíalos a casa". El rey siguió el consejo de Eliseo. Los sirios fueron invitados al banquete de Israel, y luego regresaron a Siria. Y por un tiempo, al menos, no hubo más guerra de parte de ellos contra Israel.

Una historia moderna parecida es contada por Doug Connelly en su libro *Angels Around Us* (Ángeles alrededor de nosotros). A principios del decenio de 1950, un grupo misionero en Kenia se enteró que habría un ataque inminente a su misión por guerreros Mau Mau. Para defender a sus familias lo mejor que pudieran, los hombres pusieron una barricada de alambre de púas y encendieron los pocos reflectores que tenían. Con las pocas armas que tenían, montaron guardia a lo largo del perímetro de la misión, mientras que sus esposas y sus hijos oraban adentro. Esperaron, pero no se produjo ningún ataque.

Meses más tarde, un miembro convertido de la tribu Mau Mau, dijo que cuando él y sus compañeros guerreros se preparaban para atacar a la misión por todos lados, grandes figuras agresivas aparecieron en la noche. Se pusieron entre los Mau Mau y los misioneros, corriendo en círculo alrededor de la barricada. Atemorizados por la visión de estas criaturas, los Mau Mau huyeron. "Puede que los misioneros no los hayan visto", escribe Connelly, "pero Dios abrió los ojos de los guerreros a lo que normalmente habría sido invisible", las huestes de Dios de santos ángeles.

Algunas veces, cuando los ángeles intervienen en los campos de los conflictos humanos, Dios abre los ojos de ambos lados para que vean a sus seres celestiales en acción. En su libro *Angels*, Hope Price registra dos situaciones desesperadas en la Primera Guerra Mundial relacionadas por un capitán británico.

La primera ocurrió a comienzos de la guerra, cerca de Mons, Francia, donde tropas británicas superadas en número habían estado luchando durante días sin que les llegara ayuda.

Habían perdido muchos hombres y armas, y la derrota parecía inevitable. El capitán Cecil W. Hayward estaba allí y cuenta que, de repente, en medio de un enfrentamiento armado, los disparos se detuvieron en ambos lados. Para su asombro, las tropas británicas vieron a "cuatro o cinco seres asombrosos, mucho más grandes que los hombres", entre ellos y los alemanes. Estos "hombres" tenían sus cabezas descubiertas, vestían túnicas blancas, y parecían flotar en vez de estar de pie. Estaban de espaldas a los británicos, y tenían sus brazos y sus manos extendidos hacia los alemanes. "En ese momento, los caballos montados por jinetes alemanes se aterrorizaron, y salieron en estampida en todas direcciones". Hayward informó también de otra batalla un poco después en la Primera Guerra Mundial, cuando la situación parecía otra vez desesperada para los soldados británicos, quienes estaban rodeados por tropas alemanas. De repente, el intenso fuego enemigo se detuvo por completo, y todo se volvió extrañamente silencioso. "Entonces, el cielo se abrió con una luz brillante, y figuras de seres luminosos aparecieron flotando entre las líneas británicas y alemanas".

Las tropas alemanas se retiraron en desorden, lo que permitió a las fuerzas aliadas reagruparse y volver a una línea de defensa más al oeste. Ese día fueron tomados prisioneros soldados alemanes, y cuando se les preguntó por qué se rindieron cuando tenían rodeadas a las tropas británicas, parecieron asombrados, y dijeron: "¡Pero había ejércitos y ejércitos de ustedes!"

Hope Price comenta en su libro que el gobierno británico patrocinó oficialmente días nacionales de oración durante el conflicto. Ella cree que el compromiso del gobierno con la oración tuvo un papel en la intervención angélica a favor de los soldados británicos.

Sin duda, el hecho clave en la historia de los misioneros de Kenia durante los levantamientos Mau Mau fue la oración que hacían dentro de la misión las mujeres y los niños. Muchos maestros piadosos nos han recordado a lo largo de los siglos que todo lo que el Señor hace a favor nuestro es en respuesta a la oración de alguien. Eso seguramente incluye el envío de ángeles a nuestro rescate, además de abrirnos los ojos para verlos.

Tiene que haber una buena cantidad de ángeles a nuestro alrededor que intervienen en nuestra ayuda y que nunca notamos, pero a veces, cuando llega el momento adecuado, Dios quita las escamas de nuestros ojos para que podamos verlos.

Apariciones en los sueños

Antes de dejar atrás la visibilidad de los ángeles, recuerde también que los ángeles pueden mostrarse en nuestros sueños. Jacob vio ángeles de esa manera en dos momentos cruciales de su vida. Los vio por primera vez en una escalera que llegaba hasta el cielo cuando estaba solo y acampando, mientras huía de su casa (Génesis 28). Muchos años después, ellos aparecieron en un sueño en el que Dios le dijo que era el tiempo de regresar (31:10-13).

La historia del Nuevo Testamento en cuanto a José, el esposo de María, contiene la mayor cantidad de apariciones de ángeles en sueños que se encuentra en las Escrituras. También contiene algunos de los más claros ejemplos de obediencia. José no cayó en la angelmanía por todas sus experiencias sobrenaturales. Hizo solamente lo que el ángel de Dios le dijo que hiciera.

Mientras estudiamos su historia, hagámonos estas preguntas: ¿Cómo es mi historial en cuanto a obediencia? ¿Es lo bastante sólido como para que Dios pueda confiar en que obedeceré sus instrucciones especiales que me dé por medio de un ángel en un sueño? Observe qué instrucciones detalladas y específicas recibe José en la primera noche que un ángel vino a él.

> Un ángel del Señor le apareció *en sueños* y le dijo: José, hijo de David, no temas recibir a María tu mujer, porque lo que en ella es engendrado, del Espíritu Santo es. Y dará a luz un hijo, y llamarás su nombre JESÚS, porque él salvará a su pueblo de sus pecados. (Mateo 1: 20-21)

José recibe el qué, el cómo y el por qué. Ahora vea por sí mismo cuán minucioso fue José en su respuesta.

> Cuando José se despertó, hizo lo que el ángel del Señor le había mandado y recibió a María por esposa. Pero no tuvo relaciones conyugales con ella hasta que dio a luz un hijo, a quien le puso por nombre Jesús. (1:24, 25 NVI)

José demostró quién era él. Dios tiene a su hombre, y Él puede usar de nuevo el mismo e íntimo canal para comunicarse con él. Observe con detenimiento las nuevas instrucciones que recibe José por mensajería nocturna, esta vez después que los magos se marcharon de Belén:

> Un ángel del Señor apareció *en sueños* a José y dijo: Levántate y toma al niño y a su madre, y huye a Egipto, y permanece allá hasta que yo te diga; porque acontecerá que Herodes buscará al niño para matarlo. (2:13)

Una vez más, juzgue su respuesta, y observe cómo cumple José la palabra profética, simplemente obedeciendo a Dios.

> Así que se levantó cuando todavía era de noche, tomó al niño y a su madre, y partió para Egipto, donde permaneció hasta la muerte de Herodes. De este modo se cumplió lo que el Señor había dicho por medio del profeta: "De Egipto llamé a mi hijo". (2:14, 15 NVI)

Observe el proceso una tercera vez...

> Después de que murió Herodes, un ángel del Señor se le apareció *en sueños* a José en Egipto y le dijo: "Levántate, toma al niño y a su madre, y vete a la tierra de Israel, que ya murieron los que amenazaban con quitarle la vida al niño". Así que se levantó José, tomó al niño y a su madre, y regresó a la tierra de Israel. (2:19-21 NVI)

Y una cuarta, con el cumplimiento profético de nuevo:

> Pero al oír que Arquelao reinaba en Judea en lugar de su padre Herodes, tuvo miedo de ir allá. Advertido por Dios en sueños, se retiró al distrito de Galilea, y fue a vivir en un pueblo llamado Nazaret. Con esto se cumplió lo dicho por los profetas: "Lo llamarán nazareno". (2:22, 23 NVI)

En esta última situación, no se menciona a un ángel en el sueño. Si un ángel le apareció realmente a José, es obvio que no fue suficientemente importante para que quedara registrado. Lo que era importante para José, es lo que también es crucial para todos nosotros: tenemos que obedecer, ya sea que la instrucción de Dios nos llegue o no a través de un ángel.

El sonido de los ángeles

Aprender acerca de los ángeles y de los sueños nos ayuda a entender que estos seres celestiales pueden tener acceso a nosotros por medio de otros sentidos, aparte de la vista.

Algunas veces, puede ser solamente el sonido de los ángeles lo que los seres humanos son capaces de percibir. Eso fue lo que sucedió una vez a David y a sus combatientes (2 Samuel 5:22-25). Con los enemigos filisteos desplegados ante él en un valle,

David le preguntó a Dios qué debía hacer. Dios le dijo que no hiciera un ataque directo, sino que sus hombres rodearan por detrás al enemigo en un lugar donde estaban unos árboles de bálsamo.

Y allí, dijo el Señor a David, escucharían el sonido de los guerreros angélicos. "Cuando oigas *el sonido de marcha en las copas de las balsameras,* entonces actuarás rápidamente, porque entonces el Señor habrá salido delante de ti para herir al ejército de los filisteos".

Los hombres no marchan en copas de árboles, pero los ángeles sí. David hizo lo que el Señor le dijo, y el resultado fue una más en la serie de victorias de Israel, por la obediencia de David a Dios.

Los ángeles, definitivamente, saben cómo hacer ruido. El ángel de Apocalipsis 10:3 "gritó con fuerte voz, como si fuera un león que ruge; y cuando gritó se oyeron siete voces fuertes como truenos". Siete truenos no es ningún susurro.

En la visión de Isaías, los serafines se dicen el uno al otro: "Santo, santo, santo es el Señor Todopoderoso". Pero ellos no estaban susurrando una frase o tarareando un himno. "Al sonido de sus voces", dice Isaías, "se estremecieron los umbrales de las puertas". ¡Esas sí que fueron vibraciones de verdad! "Es extraño", dice H. A. Ironside sobre este versículo, "que unos pilares inanimados se movieran de esa manera, ¡mientras que los corazones de los hombres siguen irreductibles e inmóviles!" Y así es. Al parecer, los ángeles tienen su propio lenguaje espiritual, aunque 1 Corintios 13 deja claro que estas "lenguas angélicas" no son tan importantes o tan hermosas a los ojos de Dios, como el sencillo lenguaje humano de nuestro amor en acción.

¿Cantan los ángeles? Usualmente asumimos que lo hacen, y muchas obras de Navidad incluyen un número musical de un coro de ángeles. Es sorprendente, sin embargo, que las Escrituras no indiquen con claridad que los ángeles cantan tan a menudo como uno podría pensar. En un pasaje como la historia de la Navidad, en Lucas 2, algunas versiones y paráfrasis dicen que los ángeles estaban "cantando" su alabanza de "Gloria a Dios en las alturas", pero la palabra griega significa simplemente que estaban "diciendo" estas palabras. Lo mismo es cierto de la palabra traducida a veces como "cantando" en Apocalipsis 5:13, donde "todas las cosas creadas por Dios en el cielo, en la tierra y en el mar" se unen en una exaltada expresión de alabanza a Dios y al Cordero.

Una referencia más sólida en cuanto al canto de los ángeles podría ser el pasaje de Job 38:7 que vimos anteriormente, donde "*cantaban* a coro las estrellas matutinas y todos los ángeles gritaban de alegría". La palabra hebrea traducida aquí como "cantaban" se utiliza generalmente en referencia a cantar.

Pero en la Biblia, la mayoría de las veces que se habla de cantar, es el pueblo de Dios el que hace la música, no los ángeles.

Mi amigo y excelente predicador W. A. Criswell vio una razón interesante para esto, que nos recuerda las palabras de Pablo en Romanos 8:22, de que "toda la creación gime… hasta ahora":

> La música se compone de acordes mayores y de acordes menores. Los acordes menores hablan de la desdicha, la muerte y el pesar de esta creación caída. La mayor parte de la naturaleza gime y se queja en un tono menor y lastimero. El sonido del viento a través de la selva, el sonido de la tormenta, el sonido del viento alrededor de la casa, siempre es en tono menor. Es un lamento. El sonido del mar gime en su agitación, en su inquietud sin palabras. Incluso el canto del ruiseñor, la canción más dulce de las aves, es la más triste. La mayoría de los sonidos de la naturaleza son en tono menor. Reflejan la desdicha, la desesperación, el dolor, la agonía y la angustia de esta creación caída.

Pero el ángel no sabe nada al respecto. Un ángel no sabe nada de la desdicha, nada de la desesperación, nada de la caída de nuestra raza perdida…

Nuestras canciones más dulces están llenas de los dolores más profundos. De algún modo, es el sufrimiento de la vida, la decepción y la desesperación lo que hace que la gente cante, ya sea en la oscuridad de su hora o en la gloria de su liberación. Es por eso que los redimidos cantan, y los ángeles simplemente hablan de ello. Lo ven, lo observan, pero no saben nada al respecto. Porque se necesita un hombre caído y perdido —que ha sido traído de vuelta a Dios, que ha sido perdonado de su pecado, que ha sido redimido— ¡se necesita un alma salvada para cantar!

Sin embargo, está bien creer que los ángeles pueden cantar y que lo hacen; porque así como las Escrituras no los muestran cantando deliberadamente sus alabanzas, tampoco insisten en que *no pueden*. Billy Graham dice que la idea de que los ángeles nunca cantan, "parece inconcebible". Él nos recuerda que los ángeles, sin duda, "poseen la capacidad suprema para ofrecer alabanza", y que la música siempre ha sido un lenguaje universal para la alabanza. También señala el testimonio de creyentes moribundos que han dicho que "escucharon la música del cielo".

Finalmente, dice: "Creo que los ángeles tienen la capacidad de utilizar música celestial. Sugiere que "en el cielo se enseñará el lenguaje y la música del mundo celestial". Pero señala también que: "Antes de que podamos entender la música del cielo, tendremos que ir más allá de nuestro concepto terrenal en cuanto a la música. Creo que la mayor parte de la música nos parecerá que estuvo en el 'tono menor', en comparación con la que vamos a escuchar en el cielo".

La pregunta de si los ángeles cantan, está vinculada a nuestra propia naturaleza y destino como seres humanos. Es tiempo de que miremos esto más de cerca ahora, para entender mejor qué tan iguales o diferentes somos los seres humanos y los ángeles.

Capítulo 7

Los Ángeles y Nosotros: ¿En Qué Nos Parecemos?

HASTA AHORA, hemos visto bastante para saber que los ángeles de Dios son diferentes de usted y de mí de manera notable en muchos aspectos. Pero una diferencia sobrepasa a todas las demás. Es una diferencia crítica, un contraste que ha sacudido el rumbo de la historia universal.

Tenemos que entender esta profunda diferencia antes de que podamos apreciar totalmente las formas en que somos semejantes los ángeles y nosotros —y cómo seremos semejantes en el futuro. Esa diferencia es ésta: los ángeles buenos de Dios siguen siendo aquello para lo cual fueron creados; pero usted y yo, no.

Desde que la espada encendida de los querubines relumbró en la puerta del Edén, la vida que Dios creó para nuestro disfrute ha estado fuera de nuestro alcance. Ninguna carne humana ha estado a la altura del propósito previsto por el Señor para la humanidad. El pecado nos contagió a todos, nos esclavizó, y nos maldijo con la muerte y el temor a ella. Usted y yo caímos en desagracia. Como hijos de Adán y Eva, fuimos concebidos en pecado y nacimos para morir. A medida que crecimos, cada uno de nosotros solo confirmó nuestra condenación por las decisiones egoístas y destructivas que tomamos.

A lo largo de la historia humana, ningún hijo o ninguna hija descendientes de un padre o de una madre ha nacido fuera de esta situación. Humanamente hablando, no hay escape, no hay esperanza de cura. Cualquier ser humano está totalmente condenado. Pero entonces, *Dios* envió a su Hijo para que naciera en carne humana, y para que tomara *sobre sí mismo* toda la maldición, toda la muerte, y todo el castigo que eran nuestros. Después, demostró con su poder su victoria total sobre todo eso al levantarse de los muertos.

Cuando por fe, usted y yo alguna vez entendimos lo que realmente sucedió en Cristo, entonces nosotros fuimos libres de nuestras cadenas. Nos llenamos de asombro y quedamos agradecidos para siempre con un gozo inefable.

¿Y qué piensan los ángeles de todo esto?

El apóstol Pedro nos dice que a ellos los domina una curiosidad permanente en cuanto a esto. Y yo creo que siempre será así.

Nuestra salvación les produce curiosidad

Después que Pedro reconforta nuestros corazones en 1 Pedro 1 con una descripción de nuestra salvación, añade: "Aun los mismos ángeles anhelan contemplar esas cosas" (1:12). ¿Que son exactamente "esas cosas"? ¿No entienden los ángeles los detalles de nuestra salvación mejor que nosotros? Seguramente tienen una posición más ventajosa que la que tenemos nosotros aquí para saberlo. Las palabras de Pedro son un buen recordatorio de que lo que cuenta en la vida cristiana es la experiencia personal, no el conocimiento intelectual. Sí, los ángeles tienen, sin duda, conciencia intelectual —"conocimiento intelectual"— de nuestra salvación. Pero ellos no han *sentido* la salvación o no se han deleitado con ella. Por lo tanto, "anhelan contemplar esas cosas", porque entienden que el conocimiento personal es mucho mejor que la comprensión mental. No están orgullosos por lo que simplemente saben; desean, más bien, conocer la *experiencia*.

Dé un vistazo a los primeros once versículos de 1 Pedro 1. Vea cuánto de lo que está allí debe estar fuera de lo que los ángeles pueden conocer personalmente. Como pueblo elegido para la salvación en Cristo, hemos sido "rociados con su sangre" (1:2). Los ángeles nunca han conocido esta limpieza que está a nuestra disposición continuamente. Se nos ha hecho "nacer de nuevo" (1:3). Los ángeles no pueden jamás conocer el frescor de ser nacidos de nuevo. Este nuevo nacimiento se nos da por la "gran misericordia" de Dios (1:3). Los ángeles nunca han necesitado su misericordia, porque nunca han pecado.

Dios nos promete una rica e indestructible herencia que está "reservada en los cielos para [nosotros]" (1:4). Los ángeles tienen ya lo que es de ellos. Por lo que sabemos, no hay nada para ellos como herencia. Las riquezas que ven apiladas y almacenadas en el cielo son para nosotros. Tenemos "una esperanza viva" (1:3). Nuestra esperanza es que nuestra fe resultará "en alabanza, gloria y honra cuando sea manifestado Jesucristo" (1:7). Los ángeles no tienen ninguna necesidad de esperanza, porque la gloria de Cristo es ya una realidad presente para ellos. Pedro nos dice esto acerca de Jesús: "Ustedes lo aman a pesar de no haberlo visto" (1.8). Los ángeles ven *efectivamente* a Jesús, y sin duda lo amán también. Pero, dígame: ¿Cuál cree usted que es más precioso: el amor verdadero de quienes ya ven al Señor, o el amor verdadero de aquellos que aún deben esperar para tener la primera visión de su glorioso rostro?

Pedro profundiza más. Nos dice: "Aunque no lo ven ahora, *creen* en él (1:8). Creemos. No tenemos más opción que la de andar por fe, porque el Señor no está dentro de nuestra vista. Pero los ángeles no tienen necesidad de creer. Ellos conocen al Señor por vista, no por fe. Por nuestra fe, dice Pedro, estamos llenos de un "gozo inefable y glorioso" (1:8). Parece obvio en la Escritura que los ángeles saben mucho acerca del "gozo glorioso". ¿Pero cuál diría usted que es más maravilloso: el regocijo de quienes están junto al trono de Dios, o el regocijo por la fe de quienes solo pueden imaginar cómo es el cielo?

Pedro nos dice más. Durante este "poco tiempo" que vivimos en la tierra, tenemos que soportar "diversas pruebas", y estas pruebas hacen que nos sintamos "afligidos" (1:6). Por lo que sabemos, los ángeles no pierden a seres amados, y no experimentan de manera prolongada pruebas de dolor y pérdidas personales. Pero todos nuestros problemas tienen un propósito mayor, que nos permite estar agradecidos por ellos: "*...la fe de ustedes,* que vale mucho más que el oro, al ser acrisolada por las pruebas *demostrará que es digna de aprobación...*" (1:7 NVI).

Una fe probada, genuina, en Dios, es lo que usted y yo realmente queremos, ¿no es así? Ahora mismo anhelamos el día en que podremos gritar: "¡Sí, realmente era verdad! ¡Estuve en lo cierto al creer! ¡Tenía razón para creer lo que decía Dios!" Sabemos que ese día se acerca. Por eso, ahora mismo nos regocijamos porque los creyentes están "obteniendo, como resultado de [su] fe, la salvación de [sus] almas" (1:9).

No es de extrañar que Pedro añada la frase de que los ángeles desean mirar completamente esta salvación. Cuando dice que "aun los mismos ángeles anhelan contemplar estas cosas", la palabra griega traducida como "contemplar" es un término de intensidad. Describe a alguien que se "inclina para mirar". No se trata de un vistazo rápido, sino de un análisis calculado y muy de cerca, una mirada deliberada, una observación premeditada. Eso es lo que los ángeles desearían poder hacer con nuestra salvación.

En los evangelios, este mismo verbo se usa tres veces para referirse a alguien que realmente se inclina para mirar dentro de la tumba vacía de Jesús, en aquella primera mañana del Domingo de Pascua: el mismo Pedro (en Lucas 24:12), el apóstol Juan (Juan 20:5), y María Magdalena (Juan 20:11). Se puede imaginar fácilmente con qué intensa curiosidad miraron estas tres personas el lugar donde esperaban totalmente que estuviera el cuerpo muerto de su Señor, pero donde vieron claramente que no estaba. Quizá eso sea una insinuación de otra imagen: hoy los ángeles desearían poder inclinarse y mirar dentro de lo que fue antes tan vacío y tan frío como una tumba —nuestros espíritus— y ver, sentir y experimentar cómo el Cristo vivo puede estar allí dentro de nosotros por medio de su Santo Espíritu.

Los ángeles solo pueden anhelar experimentar esto, ¡pero nosotros ya podemos!

Gracias a Dios que Él tuvo la respuesta para nuestra esclavitud, una curación para la maldición y la condenación. Esa respuesta es mi salvación por medio de Cristo. Pero ese gozo solo puede ser conocido plenamente porque primero estuvimos desesperadamente perdidos.

Hasta que descubrí hace algunos años que tenía cáncer, nunca dudé seriamente de que tendría una vida plena en esta tierra. Pero después de haber mirado cara a cara la muerte, y de que me dijeran que mi enfermedad estaba en remisión, esa fue la mejor noticia que podía imaginar. Ser salvo es también como eso. De no haber conocido la desesperanza de haber estado perdidos, nunca habríamos podido apreciar la esperanza de haber sido salvos.

Recuerdo lo que sentía al irme a la cama por la noche y preocuparme por lo que me sucedería si al despertar estaba en otro lugar distinto a la habitación donde me había ido a dormir. Entonces, un día puse mi fe en Jesús como mi Salvador, y supe que mi pecado fue perdonado. Así, esa preocupación desapareció. Para beneficio de ellos, los ángeles nunca han conocido tal preocupación, o una depresión o desesperación. Pero nunca han conocido tampoco el asombroso poder de la esperanza que puede llegar después de la desesperanza. Porque no pueden decir: "Yo sé lo que se siente al estar perdido", tampoco pueden decir "Yo sé lo que se siente al ser encontrado". No pueden imaginar lo que es ser abrumados con una carga de fracaso y de sentimientos de culpa, y después, un día, ser abrumados por el gozo cuando el Espíritu Santo inflama nuestro corazón con el descubrimiento de que Jesús ha venido y lo ha perdonado todo.

Aquí me viene a la mente un gran himno que escuchaba con frecuencia. Recuerdo el canto "Santo, Santo, Es lo Que los Ángeles Cantan", en los servicios especiales y en las campañas de evangelización de la iglesia que pastoreaba mi padre. Fue escrito en 1924 por el Rvdo. Johnson Oatman Jr., con música de John R. Sweeney. El coro dice:

> *Santo, santo, es lo que los ángeles cantan.*
> *A hacerlos retumbar la corte celestial, los ayudaré,*
> *pero cuando canto la historia de la redención, recogen sus alas,*
> *porque nunca sentirán el gozo que nuestra salvación trae.*

Por más grandes y poderosos que sean los ángeles, ellos solo pueden imaginar el gozo del simple momento en que el Señor Jesús seca una lágrima de nuestros ojos y limpia la mancha de nuestro corazón. Nos hace sentir bien llevar un punto de ventaja a los ángeles, ¿no es así? ¡Qué maravilloso es haber sido redimidos! ¡Qué maravilloso es haber sido perdonados!

Entonces, esta es una poderosa explicación de por qué los ángeles examinan a detalle la esperanza de nuestra salvación. Pero hay otra razón que puede ser aún más grande.

Nuestra salvación hace que se regocijen

Cuando vemos el poder, la luz y la cercanía constante a Dios que tienen los ángeles, resulta fácil envidiarlos. Estamos tentados a preferir la existencia de un ángel a la nuestra. Eso hace que nos preguntemos qué sería mejor: ¿ser sin pecado y nunca necesitar la salvación, o ser un pecador que ha encontrado el gozo de ser salvado y perdonado? Presumo que ha habido más de una discusión acerca de esto a través de los años. Podríamos debatir el asunto por la eternidad. Pero eso no haría ninguna diferencia. Yo nací en una raza caída como ser humano perdido, y tratar de suponer lo que sería no haber pecado jamás es ridículo. Ni siquiera tengo la opción.

Los ángeles, asimismo, no son capaces de imaginar cabalmente cómo es estar en mi condición. La redención para ellos no es una realidad personal que puedan disfrutar. Pero sí pueden gozarse por *mí*. Jesús dice: "Hay *gozo delante de los ángeles de Dios* por un pecador que se arrepiente" (Lucas 15:10). Esto hace que haya una fiesta en el cielo cada vez que alguien en la tierra reconoce su necesidad del Salvador y responde correctamente. Apocalipsis 5:9-14 ofrece un panorama maravilloso de la alegría angélica por nuestra salvación, y señala claramente lo que puede ser la razón más profunda para su júbilo. En este pasaje, los "veinticuatro ancianos" alaban a Cristo por ser digno de abrir el libro y desatar sus siete sellos, algo que nadie más podía hacer. "*Tú fuiste inmolado*", cantan estos seres angélicos a Cristo, "y *con tu sangre* nos has redimido para Dios, de todo linaje y lengua y pueblo y nación".

De repente, a la oración de ellos se une "la voz de muchos ángeles… y su número era millones de millones". Este inmenso coro de ángeles ofrece su alabanza "a gran voz": "*El Cordero que fue inmolado es digno* de tomar el poder, las riquezas, la sabiduría, la fortaleza, la honra, la gloria y la alabanza". Allá, en las alturas donde siempre ha sido su hogar, la alabanza de los ángeles se centrará en esto: en la entrada al santo cielo de Dios de los que no merecen estar allí, *gracias a la sangre del Hijo de Dios inmolado.*

Este sacrificio de Cristo debe llevar a los ángeles al mayor de los asombros. ¿Cómo pudo el Señor de los ejércitos del cielo, con toda la grandeza de la eternidad, ser asesinado? ¿Cómo pudo haber, con toda su divinidad infinita, una razón para que Dios tomara carne y sangre humanas, para empezar, y mucho menos para tener sus manos traspasadas, y ser entregado a morir a manos de viles rebeldes? Puedo imaginar a los ángeles pensando: "Si la redención y el rescate de los seres humanos vale *tanto* para el Señor —si vale la sangre misma, pura y preciosa del eterno Hijo de Dios—, entonces esta salvación exige nuestra atención eterna y nuestra contemplación incesante".

Piense en esto: los ángeles con capaces de regocijarse por lo que no entienden y experimentan cabalmente. ¡Qué ejemplo para nosotros! Si se llenan de júbilo por una salvación que ni siquiera pueden compartir y tampoco entender totalmente, ¡cuánto más debemos nosotros, los salvos, vivir con un gozo constante! Es cierto, por supuesto, que hay muchos pozos profundos en la vida cristiana donde no nos hemos sumergido todavía, y muchos misterios que no hemos entendido. Pero ¿no podemos seguir adelante con gozo, y ofrecer a Dios la adoración que Él merece por todas sus riquezas, aunque no las hayamos hecho todas nuestras? Eso es algo que podemos aprender de los ángeles.

Y ahora que tenemos una buena comprensión de las grandes diferencias que hay entre los seres humanos y ángeles, miremos en qué nos parecemos.

Los ángeles son siervos de Dios (y nosotros también)

La Escritura menciona directamente al menos tres maneras en que somos cómo los ángeles. Juntas, apuntan especialmente a nuestro futuro eterno, que disfrutaremos en la presencia de los ángeles.

Cuando el apóstol Juan quiso adorar a un ángel, lo que este señaló con su respuesta (después de decir a Juan: "Mira, no lo hagas"), era cómo se parecían él y Juan. Esto sucedió un par de veces. Primera: "Pero él me dijo: ... yo soy *consiervo tuyo*, y de tus hermanos que retienen el testimonio de Jesús" (Apocalipsis 19:10).

Y después:

> "Pero él me dijo:... yo *soy consiervo tuyo*, de tus hermanos los profetas, y de los que guardan las palabras de este libro" (22:9).

El ángel era siervo de Dios, así como Juan y los profetas eran siervos de Dios; y como somos todos nosotros siervos de Dios cuando damos una palabra de testimonio por su causa y a su favor. *Siervo* es uno de los nombres más utilizados en las Escrituras para referirse a quienes siguen al señor —y especialmente a quienes nosotros pudiéramos llamar fácilmente "líderes". Los apóstoles no se adornaban con títulos distinguidos. Su palabra favorita para describirse a sí mismos era "siervos". Pablo, Pedro, Santiago, Judas y Juan mismo —todos ellos— la utilizaban (basta con echar un vistazo al primer versículo de Romanos, 2 Pedro, Santiago, Judas y Apocalipsis).

Igualmente en el Antiguo Testamento, Moisés, Josué, Samuel, David y Elías, son todos llamados siervos (Éxodo 14:31, Josué 24.:29, 1 Samuel 3:10, 2 Samuel 3:18, 2 Reyes 9:36).

Cuanto "más alta" sea su posición en la familia de Dios, más llamado está a servir. Incluso, si de alguna manera usted alcanzara el equivalente del estatus de un ángel en esta vida, aun así seguiría siendo simplemente un siervo que cumple su deber para con Dios. Los ángeles también son siervos, "espíritus ministradores enviados para servicio".

Pablo felicitó una vez a los gálatas por haberlo tratarlo como a un ángel: "Me recibieron como a un ángel de Dios", dijo, "como si se tratara de Cristo Jesús" (4:14). Los gálatas probablemente no cayeron de rodillas llenos de temor reverente en adoración ante Pablo; sino que le habrían mostrado una sincera gratitud y respeto por su servicio a ellos, lo mismo que los ángeles y Cristo mismo les habían servido a ellos.

Pero el servicio no les corresponde solamente a los líderes y a los ángeles. "Sírvanse unos a otros con amor" nos dice Pablo a todos nosotros. Cuando lleguemos al cielo, todos desearemos escuchar la felicitación: "Bien, buen siervo y fiel", de los labios del Señor. Por tanto, servimos a los demás como servimos a Dios, ya que ese es el ejemplo que Jesús nos ha dado. "Quien quiera servirme, debe seguirme", nos dice; "y donde yo esté, allí también estará mi siervo" (Juan 12:26).

Nuestro privilegio de poder rendir servicio a Dios continuará en la eternidad. Juan vio mi futuro y el de usted en su visión: Quienes han sido lavados en la sangre del Cordero "están delante del trono de Dios, y día y noche le sirven en su templo" (Apocalipsis 7:15). Cuando venga la nueva Jerusalén, "el trono de Dios y del Cordero estará en la ciudad, y *sus siervos le servirán*" (22:3).

Crezcamos en más conocimiento y en más amor para servir al Señor ahora mismo, y para que podamos después disfrutar aún más en su servicio a Él.

Los ángeles son inmortales (y también nosotros)

Jesús menciona otras dos maneras en que seremos como los ángeles en la eternidad.

En primer lugar, ya no nos casaremos, como lo hacemos ahora. Jesús dijo: "Cuando resuciten los muertos, no se casarán ni serán dados en casamiento, sino que serán como los ángeles que están en el cielo" (Marcos 12:25 NVI). La alegría y la satisfacción que tendremos por nuestra perfecta y celestial unión con Cristo, superarán a cualquier satisfacción que hayamos tenido en el matrimonio. El matrimonio humano, después de todo, es una imagen temporal que refleja una realidad eterna, que es la relación de Cristo con su esposa, la iglesia (Efesios 5:25-32). Nuestro gozo en la realidad futura será muy superior a nuestro placer en el escenario actual.

La segunda manera en que seremos como los ángeles, es que ya no podremos experimentar más la muerte. Jesús dice en Lucas 20:36 que quienes son resucitados para la eternidad "tampoco podrán morir, pues serán como los ángeles". Como seres espirituales, los ángeles no saben nada de lo que significa enfermarse, envejecer y finalmente morir. Algún día nosotros, también estaremos más allá del alcance de estos males.

Los ángeles de Dios son conocidos como los ángeles "escogidos" (1 Timoteo 5:21), indicando que Dios los escogió para que vivieran eternamente en su cielo. Los cristianos son llamados también "los escogidos" (2 Timoteo 2:10). Los propios ángeles serán enviados por Dios: ellos "juntarán a sus escogidos, de los cuatro vientos" (Mateo 24:31), porque nosotros también somos escogidos para vida eterna. Los ángeles y nosotros disfrutaremos por igual de la ciudadanía permanente, y para siempre, en el reino celestial de Dios.

La diferencia está en cómo y por qué vamos a estar allá. C. F. Dickason dice que los ángeles fueron elegidos "para perseverancia", mientras que los cristianos han sido elegidos "para redención". Dice que los ángeles buenos que no estuvieron en la rebelión de Satanás "se mantienen invariables en santidad". Son incapaces de pecar, de la misma manera que lo seremos nosotros en la eternidad. Pero estaremos allá en el cielo, porque la sangre de Cristo ha lavado nuestros pecados. La "perseverancia" y la "santidad invariable" que Dios da a los ángeles nos ayuda a asegurarnos que en el cielo nosotros también estaremos verdaderamente libres de "este cuerpo de pecado" (Romanos 6:6).

Al igual que nosotros, los ángeles no han sido siempre eternos, como Cristo. La inmortalidad de ellos es como la nuestra: son simplemente seres creados a quienes les fue dada vida eterna en el cielo por Dios (y nunca la perdieron). Pero en la eternidad, en la presencia del Dios eterno, ni nosotros ni los ángeles estaremos jamás al mismo nivel de Dios. M. J. Erickson explica esto desde la perspectiva humana:

> Aunque redimidos y glorificados, seguiremos siendo seres humanos renovados. Nunca llegaremos a ser como Dios. Él siempre será Dios, y nosotros seremos siempre humanos... La salvación consiste en que Dios nos restaura a lo que Él quiso que fuéramos, no en elevarnos a lo que Él es.

Es la misma conclusión desde la perspectiva de los ángeles. Los ángeles son siempre y simplemente ángeles, mientras que Dios siempre será Dios.

Puesto que los ángeles nunca mueren, los que veamos en el cielo serán los mismos ángeles que menciona la Biblia. ¿No será emocionante conocer a Gabriel y a Miguel, al ángel que cerró las quijadas de los leones en favor de Daniel, al que movió la piedra del sepulcro de Jesús, al que sacó a Pedro de la cárcel, y a todos los demás?

Pero incluso hoy, ¡qué maravilloso!: esos mismos ángeles siguen ejerciendo su ministerio invisible a favor de nosotros ahora mismo.

Los ángeles tienen personalidad (como nosotros)

Puesto que Jesús dice que nuestra existencia en los cielos será como la de los ángeles en algunos aspectos fundamentales, esto bien podría ser una señal para que nosotros consideremos también otras semejanzas. La deducción más lógica en este sentido es que, como seres espirituales, seguiremos teniendo personalidad, así como la tienen los ángeles. En realidad, tendremos sin lugar a dudas un sentido de personalidad mucho más fuerte y más pleno que el que tenemos ahora. Nunca debemos temer convertirnos en el cielo en delicados adornos de pared con poco qué decir o hacer. Eso, por supuesto, no describe a los ángeles. ¿Ha captado usted cuán poderosas son las personalidades de los ángeles? Escuche algunos fragmentos de las palabras de los ángeles, y hágase esta pregunta: ¿suenan ellos como aburridas almas errantes, o como personalidades fuertes, orientadas a la acción, con inteligencia y propósito? ¿Qué le dicen sus palabras en cuanto a sus capacidades mentales y de comunicación?

"Abre los ojos y presta atención a todo lo que estoy por mostrarte, pues para eso se te ha traído aquí".

"He salido ahora para darte sabiduría y entendimiento".

"He venido a explicarte lo que va a suceder con tu pueblo en el futuro, pues la visión tiene que ver con el porvenir".

"Te diré lo que está escrito en el libro de la verdad".

"Habrá un período de angustia, como no lo ha habido jamás desde que las naciones existen... del polvo de la tierra se levantarán las multitudes de los que duermen, algunos de ellos para vivir por siempre, pero otros para quedar en la vergüenza y en la confusión perpetuas".

"Hemos recorrido toda la tierra, y la hemos encontrado tranquila y en paz".

"Tu esposa... te va a dar un hijo... irá delante del Señor... para reconciliar a los padres con los hijos y para que los rebeldes aprendan a obedecer. De este modo preparará al pueblo para recibir al Señor".

"Yo soy Gabriel, que estoy delante de Dios; y he sido enviado a hablarte, y darte estas buenas nuevas. Y ahora quedarás mudo y no podrás hablar".

"No tengan miedo. Miren que les traigo buenas noticias que serán motivo de mucha alegría para todo el pueblo".

"¿Por qué buscan ustedes entre los muertos al que vive? No está aquí; ¡ha resucitado!"

"Ya no habrá dilación... el misterio de Dios será consumado".

"Los reinos del mundo han venido a ser de nuestro Señor y de su Cristo; y él reinará por los siglos de los siglos". (Ezequiel 40:4; Daniel 9:22; 10:14, 21; 12:1, 2; Zacarías 1:11; Lucas 1:13-17, 19; 2:10; 24:5, 6; Apocalipsis 10:6, 7; 11:15)

Estos ángeles, sin duda, tienen agudeza. No solamente tienen personalidad, tienen también *clase* y *estilo*, incluso cuando son muy serios y directos. Me imagino que en el cielo, usted y yo seremos algo como ellos.

Allá arriba con ellos

Sí, va a ser emocionante estar con estos compañeros todo el tiempo.

Pero hay un sentido en el que ya estamos en la presencia de los ángeles. No me refiero al hecho de que ellos están "aquí" velando por nosotros, sino más bien a que nosotros ya estamos "allá arriba" con ellos.

Espere un momento, estará usted pensando. ¿Está fantaseando este autor? Quizá, pero tal vez eso no sea tan malo. Mire conmigo estos profundos versículos. Pablo dice en Efesios 1:3 que Dios "nos ha bendecido *en las regiones celestiales* con toda bendición espiritual en Cristo". Aquí no está hablando en tiempo verbal futuro. No dice que Dios nos "*dará*" estas bendiciones, sino que "nos *ha* bendecido". Él ya nos ha bendecido *en el cielo*.

Observe cómo esta imagen se vuelve aún más clara en el versículo siguiente: "Y en unión con Cristo Jesús, Dios nos resucitó y nos hizo sentar con él en las regiones celestiales" (2:6 NVI). Pablo habla en términos de lo que ya ha sucedido. Ya hemos sido resucitados con Cristo y colocados con Él (y *en* Él) en los lugares celestiales. En un sentido real, ya estamos en el cielo.

Sé lo que usted está pensando: tal vez ya estamos en el cielo de una manera mística o simbólica, de alguna manera imaginaria que elimina la distinción entre el futuro, el presente y el pasado. Pero seamos sinceros: nuestros pies están muy plantados en tierra sólida. Mañana por la mañana tenemos colinas que subir, facturas difíciles de pagar, y píldoras difíciles de tragar. Esa es la realidad, y no es el cielo ni remotamente.

Pero Pablo no va a dejarnos tan fácilmente. Nos dice que nos enfoquemos deliberadamente en esas "bendiciones en Cristo" allá arriba. "Ya que han resucitado con Cristo, *busquen las cosas de arriba,* donde está Cristo sentado a la derecha de Dios. *Concentren su atención en las cosas de arriba, no en las de la tierra*" (Colosenses 3:1, 2 NVI). "Las cosas de arriba" deben incluir seguramente a los ángeles, ya que ellos son parte integrante del panorama celestial. Nuestra *búsqueda* debe estar puesta en esa dirección, lo mismo que nuestra *atención*. Esto no nos deja mucho para enfrascarnos en los asuntos de aquí en la tierra, ¿no?

¿Por qué Pablo nos da esas instrucciones tan poco prácticas? Pienso que es porque él sabe que solamente hay uno que puede realmente dar respuesta a cada necesidad aquí abajo, y ése es Aquél que es adorado día y noche por los ángeles. Nuestros matrimonios, nuestros hijos, nuestros amigos, nuestras profesiones, nuestros hobbies, nuestros fines de semana, nuestra jubilación, nada de eso dará respuesta a las necesidades más profundas que son una realidad en nuestra vida. Solamente Cristo puede darles respuesta, y su realidad es un lugar junto al otro de su Padre, donde Él ora por nosotros, y nos prepara un hogar ante los ojos de los ángeles. Pablo sabe cuánto dolor y cuánta frustración experimentaremos si nuestros afectos no están puestos allá arriba con Cristo.

Tengo la esposa más excelente que un hombre podría tener, y una familia maravillosa, y un trabajo magnífico la mayor parte del tiempo, y muchos otros regalos de Dios. Pero me resulta imposible decir que estas cosas dan respuesta a cada necesidad de mi vida. Creo que es por eso que Pablo quiere que nos aseguremos de tener nuestra mirada dirigida al cielo para encontrar satisfacción. Cuanto más difícil sea la lucha aquí, y más viejo se vuelva usted, más comenzará su mente a pensar en las cosas de allá arriba.

El hombre que escribió Hebreos nos dejó unas maravillosas palabras para ayudarnos a tener un enfoque celestial. Cerca del final de su carta, dice:

> ...ustedes se han acercado [no "se *acercarán*" —porque ya estamos allí] al monte Sión, a la Jerusalén celestial, la ciudad del Dios viviente. Se han acercado a *millares y millares de ángeles*, a una asamblea gozosa..." (12:22 NVI)

Esa es parte de la imagen eterna que vamos a ver ahora mismo. No solo nos hemos acercado "a Dios, el juez de todos" (12:23), y "a Jesús el Mediador de un nuevo pacto; y a la sangre rociada, que habla con más fuerza que la de Abel" (12:24), sino que también nos hemos acercado a todos esos gozosos ángeles.

En lo más profundo de nuestros corazones, en nuestros pensamientos más profundos, podemos estar allí. Ahora mismo.

Los ángeles nos observan

Pensar de esa manera puede ayudarnos a entender que los ángeles allá arriba nos están mirando, además de Dios.

El apóstol Pablo dice: "Nosotros los apóstoles... hemos llegado a ser espectáculo al mundo, *a los ángeles* y a los hombres" (1 Corintios 4:9). Más tarde, dio solemnes instrucciones a Timoteo su ayudante "*en la presencia de* Dios y de Cristo Jesús *y de sus ángeles escogidos*" (1 Timoteo 5.21). Pablo estaba seguro de que estaba en el campo visual de los ángeles, y a él parecía *importarle* realmente que los ángeles estuvieran observándolo. ¿Debemos dar por sentado que ellos también nos observan a nosotros? ¿Y debe eso ser eso igualmente importante para nosotros?

Parece que Pablo pensaba que sí debía serlo. Por ejemplo, cuando nos dice que nuestra adoración debe hacerse con orden, una da las razones que da es simplemente "por causa de los ángeles" (1 Corintios 11:10). Ellos mismos son los campeones de la adoración, y están bastante involucrados en observar cómo la hacemos nosotros. (Recuerde esto el próximo domingo por la mañana.)

Pablo hace mención a la observación de los ángeles en un grado más asombroso en Efesios 3:10. En esta carta, Pablo toca temas grandes y sublimes que ponen a prueba nuestro entendimiento. En el capítulo 3, Pablo dice que Dios está ahora derramando luz sobre un "misterio" que Él mantuvo oculto "desde los tiempos eternos". El misterio tenía que ver con el nacimiento de la iglesia, que incluía ahora tanto a judíos como a gentiles en la composición del pueblo santo de Dios. ¿Por qué Dios siguió esta estrategia de revelar lo que antes había mantenido oculto?

J. B. Phillips interpreta la respuesta de Pablo de esta manera:

> El propósito es que *todos los poderes angélicos* debían ver ahora la compleja sabiduría del plan de Dios realizado por medio de la iglesia, en conformidad con ese propósito eterno que Él centró en Cristo Jesús nuestro Señor.

¡Dios está mostrando algo a los ángeles! Y ese algo es su sabiduría a la vista de todos en cuanto a la iglesia —¡en nosotros! Somos el escenario donde Dios realiza su nueva presentación ante un público celestial. Somos la sala de exposición donde Él da a conocer su última obra maestra ante el aplauso de los ángeles. Somos la arena donde sus incomparables hazañas de habilidad son exhibidas al sonido de las ovaciones de los ángeles.

Todo esto había estado oculto antes a los ángeles, pero ya no. Dios quiere que los ángeles vean su sabiduría en acción de una manera nueva y milagrosa, a través del evangelio. Ellos ya estaban mirando a través de las ventanas del cielo cuando Jesús caminó entre nosotros. Cuando Pablo hizo una vez una lista para Timoteo de las maravillas de Cristo, incluyó el hecho de que Jesús fue "visto *por* los ángeles" (1 Timoteo 3:16). También Jesús estuvo bajo la observación de ellos. Los ángeles tenían sus ojos pegados al Verbo que se hizo carne. "No hay duda", concluyó Pablo, "de que es grande el misterio".

Pablo percibía que los ángeles observan todo lo que tiene que ver con nosotros. Y lo seguirán haciendo hasta el final. Jesús nos deja saber eso en Lucas 12:8, 9, cuando habla del día del juicio: "Les aseguro que a cualquiera que me reconozca delante de la gente, también el Hijo del hombre lo reconocerá *delante de los ángeles de Dios*. Pero al que me desconozca delante de la gente se le desconocerá *delante de los ángeles de Dios*" (NVI). Cuando llegue ese día, ¿qué quiere usted que el público de ángeles vea y escuche en cuanto a *usted*?

Tal vez este sea el momento de orar al respecto. En Apocalipsis 5:8 vemos a ángeles que tienen "copas de oro llenas de incienso que son las oraciones de los santos". ¿Qué oraciones preciosas de usted han subido hoy para ayudar a llenar esas copas que descansan en las santas manos de los ángeles? ¿Ha orado usted porque el reino de Dios venga? ¿Ha orado porque el reino de Él nazca en las vidas de sus familiares, de sus amigos y de sus vecinos que ama, pero que todavía no son creyentes? ¿Ha orado porque su voluntad sea hecha en su vida, así como ya es hecha por los ángeles en el cielo? ¿Le ha pedido que le muestre su voluntad específica para su vida hoy?

Más adelante en Apocalipsis vemos un ángel de pie junto al altar de Dios con un incensario de oro. ¡Qué privilegio tan honroso recibió este ángel!:

> ...se le dio mucho incienso para añadirlo a *las oraciones de todos los santos*, sobre el altar de oro que estaba delante del trono. Y de la mano del ángel subió a la presencia de Dios el humo del incienso con las oraciones de los santos. (Apocalipsis 8:3, 4).

¿Qué fragantes oraciones ofrecerá usted hoy en ese altar, para que se eleven en humo sagrado al Dios de los ángeles?

Capítulo 8

Ángeles que ha oído nombrar (y de otros más)

A LOS ÁNGELES SE LES IDENTIFICA por muchos nombres. Incluso antes de que usted hubiese abierto este libro, probablemente oyó hablar de *querubines* (o *querubes* (aunque "querubines" parece encajar mejor con estas impresionantes criaturas), y también de *serafines*. En cuanto a los ángeles individuales, usted puede recordar fácilmente los dos más famosos: Gabriel y el arcángel Miguel.

¿Qué más es bueno saber acerca de los grupos de ángeles o de los ángeles individuales, y de los nombres que les dan las Escrituras?

Los nombres significaron mucho más en los tiempos bíblicos, de lo que, por lo general, significan hoy. Nuestra comprensión se vuelve mayor cuando miramos detenidamente por qué estos seres celestiales tienen un nombre además de "ángeles" (que, como recordaremos, significa "mensajeros").

Tronos, poderes, principados, autoridades

Algunos de los nombres de los ángeles sugieren que están organizados de una manera ordenada. Los ángeles no hacen sus cosas de forma caprichosa y de manera independiente unos de otros. Podría pensarse que si cualquier grupo puede hacer bien las cosas a su manera, entonces los ángeles también pueden. Pero, al parecer, Dios los organiza cuidadosamente para que puedan cumplir mejor su voluntad. (Y si esto es cierto para los ángeles, ¿no piensa usted que también es cierto para nosotros?)

Las evidencias que tenemos en cuanto a la organización de los ángeles incluyen un puñado de términos en el Nuevo Testamento que se refieren a alguien o a algo como "tronos", "dominios", "poderes", "principados" y "autoridades". Esta terminología parece dar a entender diferentes grupos o niveles de seres angelicales. Veamos lo que podemos descubrir al analizar algunos pasajes que contienen estos términos.

A veces, las referencias parecen ser solamente a fuerzas angelicales malignas, a Satanás y sus demonios:

> Entonces vendrá el fin, cuando él entregue el reino a Dios el Padre, luego de destruir todo dominio, autoridad y poder. (1 Corintios 15:24 NVI)

> ...nuestra lucha no es contra seres humanos, sino contra poderes, contra autoridades, contra potestades que dominan este mundo de tinieblas, contra fuerzas espirituales malignas en las regiones celestiales. (Efesios 6:12 NVI)

> ...y despojando a los principados y a las potestades, los exhibió públicamente, triunfando sobre ellos en la cruz. (Colosenses 2:15)

Otras referencias pueden tener solamente a los ángeles buenos de Dios a la vista:

> [Dios] resucitó [a Cristo] de entre los muertos y lo sentó a su derecha en las regiones celestiales, muy por encima de todo *gobierno* y *autoridad*, *poder* y *dominio*, y de cualquier otro nombre que se invoque, no sólo en este mundo sino también en el venidero. (Efesios 1:20, 21 NVI)

> El fin de todo esto es que la sabiduría de Dios, en toda su diversidad, se dé a conocer ahora, por medio de la iglesia, a los *poderes* y *autoridades* en las regiones celestiales. (Efesios 3:10 NVI)

Sin embargo, otras referencias pueden ser fácilmente tanto para los seres buenos como para los malos, aunque en un panorama más amplio el significado podría aplicarse en última instancia, de modo distinto, a los ángeles de Dios, no a los demonios:

> ...porque por medio de él [Cristo] fueron creadas todas las cosas en el cielo y en la tierra, visibles e invisibles, sean *tronos*, *poderes*, *principados* o *autoridades*: todo ha sido creado por medio de él y para él. (Colosenses 1:16 NVI)

> ...en él [Cristo], que es la cabeza de todo *poder* y *autoridad*, ustedes han recibido esa plenitud. (Colosenses 2:10 NVI)

Vemos de nuevo uno de estos términos en Romanos 8:38, 39, aunque en realidad, en este caso parece que Pablo está haciendo una diferencia entre ángeles y "poderes".

> Pues estoy convencido de que ni la muerte ni la vida, ni los ángeles ni los demonios, ni lo presente ni lo por venir, ni los *poderes*, ni lo alto ni lo profundo, ni cosa alguna en toda la

> creación, podrá apartarnos del amor que Dios nos ha manifestado en Cristo Jesús nuestro Señor.

Por otro lado, los "poderes" en este pasaje puede ser simplemente una designación más amplia que abarca tanto a ángeles como a demonios, y quizá también tanto a poderes del tiempo presente como a poderes del tiempo futuro. (¡Definitivamente, creemos que debemos proceder con mucha cautela, por la niebla de misterio que encontramos aquí!)

Lo que debe quedar claro en estos pasajes es que todos ellos proclaman la inmensa superioridad de Cristo en relación con estos "poderes" angelicales. Al mencionar Pablo estos términos, parece ser que su único propósito es mostrar la superioridad de Cristo sobre todo y sobre todos. Ciertamente, el enfoque de Pablo aquí *no* parece ser dar un panorama completo de la jerarquía angelical. Por tanto, una palabra oportuna de advertencia: es posible dejarse llevar por la imaginación en cuanto a los detalles de la organización de los ángeles.

A algunos teólogos de siglos pasados les encantaba elaborar sistemas detallados de clasificación de los ángeles. Una categorización popular en la Edad Media era la de nueve niveles diferentes de ángeles. Tomás de Aquino, el gran teólogo del siglo XIII, utilizaba estaba tradicional clasificación de nueve órdenes de ángeles, pero también fue más allá de ella. En su obra maestra, *Summa Theologica,* reconoció que "nuestro conocimiento de los ángeles es imperfecto", y que, por consiguiente, "lo único que podemos es distinguir la dignidad y los órdenes de los ángeles de una manera general". Pero añadió:

> Si conociéramos la dignidad y las diferencias de los ángeles a la perfección, sabríamos perfectamente que cada ángel tiene su propia dignidad y su propio orden en medio de las cosas.

Aquino creía que cada ángel es su propia "especie" (a diferencia de la humanidad, que es toda de una sola), y que cada ángel es único en su propio nivel, en un ordenamiento perfecto de ellos.

Aquino, dicho sea de paso, escribió miles de palabras acerca de los ángeles, y era tan apreciado por su intelecto, que en toda la historia solo él ha sido conocido por el título académico de "Doctor Angélico". Pero a la edad de cuarenta y nueve años, tuvo una visión que dio un giro a su vida. Este preeminente erudito de repente dejó de escribir por completo, y dijo: "Me han sido reveladas tales cosas, que todo lo que he escrito parece paja". Quizá vio a un ángel en su visión, y ese solo vistazo de la realidad celestial hizo que sus volúmenes de discurso intelectual parecieran nada en comparación. Aquino murió antes de cumplir los cincuenta años.

Aquino había sido influenciado e inspirado por un escritor anterior, que era conocido por el nombre de Dionisio, aunque se desconoce su verdadera identidad. En una de sus obras, *La jerarquía celestial,* Dionisio adelantó detalladamente sus ideas en cuanto a la organización de los ángeles. Mil años más tarde, Juan Calvino encontró razones para sospechar de las suposiciones de Dionisio, y para poner en una mejor perspectiva la cuestión de la jerarquía de los ángeles.

Calvino escribió:

> Nadie puede negar que Dionisio (quienquiera que haya sido) hace muchas consideraciones inteligentes y sutiles en su *Jerarquía celestial,* pero al observarlas más de cerca, todos debemos ver que son simplemente palabrería insustancial.

Calvino aconsejó a sus lectores "renunciar a ese vano parloteo de hombres ociosos en cuanto a la naturaleza, los rangos y el número de los ángeles, sin ninguna autoridad de la Palabra de Dios". Dijo que el camino del discipulado enseñado por Jesús desestimulaba esta clase de "especulaciones superfluas", y que nosotros, "por estar satisfechos con Él como nuestro maestro", debemos hacer lo mismo.

"Cuando uno lee la obra de Dionisio", dijo Calvino, "pensaría que ese hombre había bajado del cielo, y que estaba relatando no lo que había aprendido, sino lo que realmente había visto". Calvino contrastó eso con el ejemplo de Pablo. Sabemos por las Escrituras que Pablo realmente "fue llevado al tercer cielo" y "llevado al paraíso" (2 Corintios 12:2, 4).

Pero, en vez de regresar y parlotear sobre lo que vio en el cielo, o de la organización de los ángeles allí, afirmó simplemente que había encontrado "cosas indecibles que a los humanos no se les permite expresar" (12:4). Pablo, a quien suponemos que podría haber revelado muchos secretos en cuanto a la organización de los ángeles, se sintió obligado a guardar silencio.

En los siglos previos al ministerio de Jesús en la tierra y del nacimiento de la iglesia, se habían desarrollado entre los judíos muchas ideas populares en cuanto a la organización de los ángeles. Hacían conjeturas en cuanto a una diversidad de posiciones y funciones de ellos. Pablo pudo haber tenido esto en mente cuando dijo que Cristo está "muy por encima de todo gobierno y autoridad, poder y dominio", pero también por encima de "cualquier otro nombre *que se invoque*" (Efesios 1:21). Podemos forzar nuestra imaginación al punto de la ruptura en la descripción de multicapas de superestructura angelical, pero eso no tiene importancia. No importa cuán dignas, deslumbrantes y diligentes puedan ser las fuerzas angelicales, e independientemente de lo poderosos y maravillosos que parezcan los ángeles cuando los veamos en la era por venir, la gloria de ellos será siempre como tinieblas en comparación con Cristo. Y Cristo es todo lo que importa.

Orden y armonía

Sin embargo, hay algo que vale la pena aprender de los ángeles cuando la Escritura los llama por estos enaltecidos títulos. Calvino mismo estuvo dispuesto a decir que los términos *poderes*, *autoridades* y *dominios* indicaban que el gobierno de Dios de este mundo "es ejercido y administrado" por ángeles. Para Calvino, estas palabras muestran también "la dignidad del servicio angelical".

En cuanto al nombre de *tronos*, Calvino dijo que tal vez se usa para los ángeles, "porque la gloria de Dios, en alguna medida, habita en ellos". Pero con típica cautela, Calvino se apresuró a decir: "En cuanto a esta última designación, no estoy dispuesto a hablar positivamente, ya que una interpretación diferente es igualmente, por no decir más, congruente".

Entonces, las Escrituras no le dan tanta importancia a una organización angelical detallada, pero sí parecen reconocerla.

Tiene sentido que haya orden y organización entre los ángeles, "porque Dios no es un Dios de desorden sino de paz" (1 Corintios 14:33). En toda la creación visible de Dios, aun en medio de toda la maravillosa variedad de ella, vemos un orden asombroso, una profusión de patrones en lo que todo se entrelaza con simetría y lógica. Es un diseño maestro que glorifica a Dios, al Diseñador Maestro, porque Él no solamente lo hizo, sino que también lo sustenta. Es su energía activa lo que mantiene funcionando ese diseño, segundo a segundo, y estación tras estación. Parece absolutamente razonable que la esfera angelical, que también Dios creó y sostiene, esté diseñada magistralmente, no obstante lo limitados que estamos ahora para entender esto ahora.

Entonces, ¿qué valor debe tener todo esto para usted y para mí? ¿Por qué debe importarnos que la esfera de los ángeles esté bien ordenada y discurriendo sin complicaciones? Porque nuestra primera preocupación debe ser reconocer que este orden es un reflejo de Dios. Aprendemos sobre Él por lo que vemos en la creación que hizo y sigue conservando. La creación es compleja, intrincada, armoniosa y ordenada, como lo es Dios.

Nuestro segundo enfoque debe estar en nosotros mismos. A diferencia de los ángeles y de la naturaleza, los seres humanos se han alejado deliberadamente del diseño original de Dios para nosotros. Por tanto, tenemos ahora que luchar por redescubrir ese ordenado diseño y después entenderlo y aplicarlo.

Permítame hacerle unas preguntas difíciles y específicas: ¿Hemos reconocido realmente el diseño maestro que Dios estableció para nuestras iglesias? ¿Lo entendemos, y lo demostramos con el hecho de vivir realmente en paz y armonía?

E igualmente en el hogar: ¿Hemos reconocido realmente el diseño maestro que Dios estableció para nuestra familia? ¿Demostramos que lo entendemos viviendo realmente en paz y armonía?

Sí, el orden es tan importante en la iglesia y la casa como lo es en la naturaleza y en la esfera angelical.

Satanás entiende esto, y es por eso que ataca constantemente la cadena de amor y autoridad ordenada por Dios, establecida para nuestras iglesias y nuestros hogares. Cada vez que hay desorden en estos ambientes, alguien que no es Dios está detrás del mismo, porque Él no es autor de confusión.

¿Está usted teniendo confusión en su iglesia o en su hogar en este momento? Si es así, ¿puede apuntar con precisión las maneras como el diseño de Dios está siendo ignorado o resistido?

¿Y qué de su vida personal, de su realidad interna? Dios no es un Dios de confusión, sino de paz. ¿Es la paz la nota dominante dentro de usted, o ha sido perturbada por el desorden, la confusión y la inestabilidad?

La espiritualidad implica orden en nuestras vidas.

Ejércitos y carros

Otro nombre que se ha utilizado para referirse a los ángeles en lo colectivo es "ejércitos". Descubrimos anteriormente que este nombre es especialmente importante por la identificación personal de Dios con él mismo. Él a menudo se llama a sí mismo "Jehová de los ejércitos". Esta palabra *ejércitos* implica también orden y organización entre los ángeles, especialmente en el sentido de que los ángeles están organizados para la batalla. Es una imagen militar. *Ejércitos* es la palabra bíblica primaria para las huestes celestiales de Dios. Podemos imaginar unas tropas bien entrenadas, con una lealtad incuestionable y una obediencia instantánea. Están a disposición perpetua para responder al llamado de su Comandante. Los ángeles, con toda seguridad, deben tener un orden más riguroso que cualquier ejército, que cualquier maquinaria militar en la tierra.

"Los ángeles son llamados ejércitos", escribe Calvino, "porque ellos rodean a su Príncipe como su corte, adornan y exhiben la majestad de Dios. Al igual que los soldados, siempre tienen sus ojos dirigidos al estandarte de su líder, y están listos para actuar con celeridad para ejecutar sus órdenes en el momento que Él dé la señal, ya sea con el fin de que se preparen para la tarea o sigan realizándola.

El nombre para Dios de "Jehová de los ejércitos" fue utilizado por primera vez en un mal momento en la historia de Israel, al comienzo de 1 Samuel 1:3, que se inicia en un período en que los filisteos están oprimiendo al pueblo de Dios. Matthew Henry dice que este título de Dios probablemente fue utilizado aquí por primera vez por el profeta Samuel "para la consolación de Israel", en un momentos cuando "su ejército era poco y débil y sus enemigos muchos y poderosos".

Este nombre sería pronto de estímulo, sin duda, para un joven pastor llamado David. Él gritó a su poderoso enemigo filisteo Goliat:

> Tú vienes a mí con espada y lanza y jabalina; mas yo vengo a ti en *el nombre de Jehová de los ejércitos, el Dios de los escuadrones de Israel*, a quien tú has provocado. (1 Samuel 17:45)

Con el honor y la presencia de Jehová de los ejércitos a su lado, Israel ganó la batalla ese día.

Pero perdieron otra batalla siglos después, cuando un rey estuvo decidido a conducir a sus soldados a la batalla sin el Señor y sus ejércitos de su lado. No es que el rey Acab no había sido advertido. El profeta Micaías se puso delante de él, y le dijo: "Vi al Señor sentado en su trono con *todo el ejército del cielo* alrededor de él, a su derecha y a su izquierda" (2 Crónicas 18:18). ¿Y de qué estaban hablando Dios y todos esos ángeles? No de dar la victoria a Acab, sino de traer desastre y muerte a este líder corrupto (18:19-22).

Acab se negó a prestar atención a la visión de Micaías. Sus hombres se lanzaron a la batalla contra los sirios, y el rey fue herido cuando una flecha disparada a la ventura hirió al rey entre las piezas de su armadura. Acab se apoyó en su carro para ver el final de la batalla ese día, mientras su sangre cubría el piso de su carro. Murió al atardecer, mientras la batalla se volvía contra Israel.

Las estrategias de Dios y de sus ejércitos nunca pueden ser frustradas.

Vimos anteriormente cómo este aspecto militar del Señor y sus ejércitos es tan fuerte que, a veces, la presencia de los ángeles puede simplemente inferirse con la mención de sus carros. "Los carros de Dios se cuentan por veintenas de millares de millares" (Salmo 68:17). Escuchamos la advertencia de Isaías: "El Señor llega en medio del fuego, sus carros parecen un torbellino" (66:15, 16). Vimos a Dios responder la oración de Eliseo, al abrir los ojos de su criado para que viera "la colina llena de caballos y de carros alrededor" (2 Reyes 6:17). Incluso el "carro de fuego con caballos de fuego" que descendieron para llevar a Elías al cielo, era muy probablemente un escuadrón angélico con la tarea especial de llevar a un viejo soldado al cielo (2 Reyes 2:11, 12).

Este aspecto militar de los ángeles es tanto un ejemplo para nosotros como lo es su orden: Cuando David gritó al Señor: "*Tus tropas* estarán dispuestas el día de la batalla" (Salmo 110:3), tanto ángeles como hombres bien pueden ser soldados listos para el Señor en ese día.

¿Es usted un soldado dispuesto para el Señor? Cuanto más aprenda acerca de los ángeles, cuanto más claramente vea que la realidad espiritual es la esencia en este universo, más escuchará el llamado a las armas. Porque las líneas de la batalla espiritual han sido trazadas, y usted y yo no podemos escapar de la lucha. Tenemos que estar armados de valor para la refriega.

> *Pónganse toda la armadura de Dios* para que puedan hacer frente a las artimañas del diablo. Porque nuestra lucha no es contra seres humanos, sino contra poderes, contra autoridades, contra potestades que dominan este mundo de tinieblas, contra fuerzas espirituales malignas en las regiones celestiales. Por lo tanto, *pónganse toda la armadura de Dios*... (Efesios 6:11-13 NVI)

¡Oiga la alarma de la trompeta! "Velad, estad firmes en la fe; portaos varonilmente, y esforzaos" (1 Corintios 16:13). La victoria está asegurada (¡ganada por el mismo Cristo!), y lo único que usted tiene que hacer es estar firme para verla. Pero no puede hacer eso si está indefenso, si es un blanco sin protección contra el enemigo. ¡No se exponga a una caída! Tome toda la armadura del Señor, "para que [pueda] resistir en el día malo, y habiendo acabado todo, *estar [firme]*" (Efesios 6:13).

Esta es una guerra como ninguna otra. Por tanto, para la mejor protección que existe:

> Pongámonos *la armadura de la luz…*
> Revístanse ustedes *del Señor Jesucristo…*
> (Romanos 13:12-14).

Santos

Recuerde: los nombres *significan* algo en la Biblia. Con esto en mente, veamos en las Escrituras más nombres para los ángeles. Algunos de estos nombres pueden referirse a todos los ángeles de Dios, y otros solamente a clases especiales de ellos.

Los ángeles son llamados "santos". Están separados, apartados para el servicio a Dios. Esta santidad *proviene* de la santidad de Dios, y *apunta* a la santidad de Dios. Una declaración en cuanto a ellos en el Salmo 89.7, es una imagen poderosa de esto:

> Dios es muy temido en *la asamblea de los santos*; grande y portentoso sobre cuantos lo rodean. (NVI)

Los ángeles reunidos alrededor de Dios son santos. Pero su impresionante santidad no se compara con la de Dios, y por eso Él es "muy temido" por los ángeles. "Santos" es también como son llamados los ángeles cuando Moisés los describe al descender al monte Sinaí cuando Dios dio la ley a Israel (Deuteronomio 33:2). Elifaz, el amigo de Job, llama "santos" a los ángeles (Job 5:1; 15:15). Lo mismo hace Daniel al relatar sus visiones:

> Entonces *oí a un santo que hablaba*; y *otro de los santos preguntó* a aquel que hablaba: ¿Hasta cuándo durará la visión del continuo sacrificio… (Daniel 8:13)

Observe cómo en otros tres pasajes, uno en el Antiguo Testamento y dos en el Nuevo, el Señor es visto como "viniendo con sus santos" en un día futuro. En los tres versículos, los "santos" mencionados pueden referirse tanto a los redimidos como a los ángeles no caídos:

> ...huiréis de la manera que huisteis por causa del terremoto en los días de Uzías rey de Judá; y *vendrá Jehová mi Dios, y con él todos los santos*. (Zacarías 14:5)

> ... para que sean afirmados vuestros corazones irreprensibles en santidad delante de nuestro Dios y Padre, en *la venida de nuestro Señor Jesús con todos sus santos*. (1 Tesalonicenses 3:13)

> He aquí, *vino el Señor con sus santas decenas de millares*, para hacer juicio contra todos, y dejar convictos a todos los impíos de todas sus obras impías que han hecho impíamente, y de todas las cosas duras que los pecadores impíos han hablado contra él. (Judas 14-15)

Nuevamente, nuestro destino humano está vinculado a los ángeles.

Los poderosos de Dios

Para hacer hincapié en su poder, los ángeles son incluso llamados "dioses", "hijos de Dios" e "hijos del poderoso". Como sucede con su santidad, el poder de los ángeles señala de nuevo a Dios. "¿Quién entre *los hijos de los poderosos* es como el Señor...? (Salmo 89:6). Los ángeles de Dios son poderosos, pero su poder es nada comparado con el de Dios. Los ángeles deben, sin duda, prestar atención con alegría a lo que David les dice:

> Tributen al Señor, [poderosos] seres celestiales, tributen al Señor la gloria y el poder. (Salmo 29:1 NVI)

> Bendecid a Jehová, vosotros sus ángeles, *poderosos* en fortaleza, que ejecutáis su palabra... (Salmo 103:20)

En el Salmo 8:5, donde David dice que el hombre fue hecho solo un "poco menor que los ángeles", el término hebreo para estos seres es en realidad la palabra *elohim* o "dioses". Vemos el poder exaltado de ellos, pero también su reflejo de la gloria de Dios. Calvino dice que los ángeles "son llamados más de una vez dioses, porque la Deidad está en cierta medida representada para nosotros en su servicio, como en un espejo".

Podemos ver otra medida del poder divino reflejado en los ángeles de Apocalipsis. Juan vio y escuchó "a un ángel *poderoso*" que preguntaba en el trono celestial: "¿Quién es digno de romper los sellos y de abrir el rollo?" (5:2). Es "otro ángel *poderoso*" quien "puso el pie derecho sobre el mar y el izquierdo sobre la tierra" (10:1, 2). Y es un "ángel *poderoso*" quien "levantó una piedra del tamaño de una gran rueda de molino, y la arrojó al mar" (18:21).

En 2 Tesalonicenses 1:7, Pablo dice: "Cuando se manifieste el Señor Jesús desde el cielo con *los ángeles de su poder*". Esto podría referirse a un grupo especial de ángeles con un poder especial de Dios, o pudiera ser otra manera de mostrar el gran poder que tienen todos sus ángeles.

Vigilantes santos

Una perspectiva diferente de los ángeles se hace evidente cuando vemos que son llamados "vigilantes" por el rey Nabucodonosor cuando habló con Daniel, su consejero real. La palabra hebrea traducida aquí como "vigilantes" (o "mensajeros" en algunas versiones) no es utilizada en ninguna otra parte de la Biblia, sino solamente en Daniel 4. Se deriva de un verbo que significa "estar despierto" y "en alerta". Nabucodonosor estaba contando a Daniel un sueño que había tenido mientras dormía en su palacio, "feliz y lleno de prosperidad" (4:4). En ese sueño vio un árbol de gran altura, fuerte y fructífero; debajo de él se ponían a la sombra las bestias del campo, y en sus ramas anidaban las aves.

> "Vi en las visiones de mi cabeza mientras estaba en mi cama, que he aquí un *vigilante* y santo descendía del cielo. (4:13)

Este vigilante santo del cielo ordenó que el árbol fuera derribado, y que el tocón y las raíces fueran atados con hierro. El vigilante describió a alguien, (quien resultó ser el rey mismo) que había sentenciado a ser "empapado con el rocío", a vivir fuera con los animales y a tener la mente de una bestia. "Esta es la sentencia", dijo el vigilante, "que han dictado los santos ángeles *centinelas*" (4:17 DHH), "y por dicho de los santos la resolución".

Por tanto, había otros "centinelas" (o vigilantes) además de aquel de quien estaba hablando Nabucodonosor, a quienes se les había confiado, de alguna manera, el encargo de pronunciar el juicio de Dios. Pudo haber sido una clase particular de ángeles con la tarea especial de comunicar los decretos de Dios. En el caso de Nabucodonosor, el centinela explicó el motivo de este veredicto particular. "Para que todos los vivientes reconozcan que el Dios Altísimo es el soberano de todos los reinos humanos, y que se los entrega a quien él quiere, y hasta pone sobre ellos al más humilde de los hombres".

Nabucodonosor se convirtió en "el más humilde de los hombres" al asumir la existencia de un animal, viviendo a la intemperie y alimentándose con hierba. El pelo le creció como plumas de águila, y sus uñas como las de las aves. Cuando Dios finalmente le devolvió la cordura, Nabucodonosor estuvo listo para dar honra y gloria a Dios como aquél que "hace lo que quiere con los poderes celestiales y con los pueblos de la tierra" (4:35).

Los vigilantes tenían razón.

Los querubines y el trono de Dios

El origen del nombre "*querubín*" es un misterio. Algunos eruditos sugieran que está relacionado con palabras que significan "intercesor" o "guardián". Otros ven una conexión con palabras cuyo significado es "aferrarse o mantenerse firme", o "surcar o labrar la tierra", o "ser diligente". Tal vez los querubines son los caballos de batalla entre los ángeles, que tienen el papel de ser los guardias reales al servicio del Rey. Con toda seguridad, están muy lejos de ser esos bebés desnudos que aparecen en las tarjetas del día de San Valentín.

Originalmente encontramos a los querubines en Génesis 3; son los primeros seres angélicos mencionados en las Escrituras. Los querubines guardaban la puerta del Edén con una espada de fuego después de la caída de Adán, mostrándonos claramente que el pecado nunca puede ser parte del paraíso.

Los querubines son mencionados de nuevo cuando Dios da instrucciones a Moisés en cuanto a la hechura del arca del testimonio y del tabernáculo. El arca debía tener un "propiciatorio" de oro puro encima, y este propiciatorio incluía dos querubines forjados en oro. El autor de Hebreos los llama "los querubines de la gloria" (9:5).

Notemos la postura reverente que Dios dijo a Moisés que debían tener estas figuras:

> Los querubines deberán tener las alas extendidas por encima del propiciatorio, y cubrirlo con ellas. Quedarán el uno frente al otro, mirando hacia el propiciatorio. (Éxodo 25:20 NVI)

Puesto que el arca representaba el trono de Dios y su presencia regia, las figuras de los querubines de oro con las altas extendidas nos recuerdan que Dios está rodeado de ángeles gloriosos y adoradores. Sus rostros mirando hacia el "propiciatorio", que sugiere el sacrificio expiatorio de Cristo, podían indicar que el destino de los ángeles está también envuelto en lo que Cristo realizó en la cruz. O podría ser una imagen potente del anhelo de los ángeles de mirar en las cosas de la salvación (1 Pedro 1:12).

Quizá también, como se aventuran a decir algunos eruditos, los querubines son una imagen del futuro estado ideal de la humanidad redimida, y la mirada de ellos al propiciatorio representa su gratitud eterna y su alabanza por el sacrificio de Cristo. Los querubines son lo que *nosotros* podríamos llegar a ser algún día.

Este tema de los querubines se repitió cuidadosamente también en otros accesorios del tabernáculo. El Señor ordenó que las diez cortinas del tabernáculo debían ser hechas de lino torcido, azul, púrpura y carmesí, *con querubines artísticamente bordados en ellas* (26:1).

En conexión con el arca bajo la sombra de los querubines, Dios prometió su presencia a Moisés:

> *Yo me reuniré allí contigo en medio de los dos querubines* que están sobre el arca del pacto. Desde la parte superior del propiciatorio te daré todas las instrucciones que habrás de comunicarles a los israelitas. (25:22 NVI)

Dios cumplió rápidamente esta promesa:

> Cuando Moisés entró en la Tienda de reunión para hablar con el Señor, escuchó su voz *de entre los dos querubines*, desde la cubierta del propiciatorio que estaba sobre el arca del pacto. Así hablaba el Señor con Moisés. (Números 7:89 NVI)

A partir de entonces, muchos en Israel recordaron esta señal de la presencia del Señor y de su majestad terrenal entre ellos, pues Dios es llamado a menudo aquel "que reina entre los querubines" (1 Samuel 4:4; 2 Samuel 6:2; 2 Reyes 19:15; 1 Crónicas 13:6; Salmos 80:1; 99:1).

Cuando un inmenso ejército asirio acampó fuera de Jerusalén esperando para destruirla, el rey Ezequías comenzó su oración de esta manera: "Jehová de los ejércitos, Dios de Israel, *que moras entre los querubines*, solo tú eres Dios de todos los reinos de la tierra; tú hiciste los cielos y la tierra" (Isaías 37:16). Fue en respuesta a esta oración que el ángel del Señor dio muerte a 185.000 soldados asirios en una sola noche.

Un vistazo diferente de los querubines se encuentra en el cántico de alabanza y de victoria de David en 2 Samuel 22, cuando él dice que "Jehová le había librado de todos sus enemigos, y de la mano de Saúl". Es una imagen impresionante de los querubines llevando realmente la presencia de Dios al rescate de David:

> Inclinó también los cielos, y descendió
> con densas tinieblas debajo de sus pies.
> *Cabalgó sobre un querubín*, y voló;
> y apareció sobre las alas del viento
> (22:10, 11 LBLA).

Ya que los querubines significan la presencia angelical alrededor del trono de Dios, David sintió que cuando el Señor lo rescató, fue como si Dios hubiera hecho las maletas en su trono celestial y descendido con éste para ser el Rey liberador en la vida de David.

Usted y yo podemos tener esa misma imagen de nuestra propia situación. Podemos estar seguros de la regia ayuda de Dios viniendo a nuestro rescate justamente cuando sea necesario:

> Acerquémonos, pues, confiadamente al trono de la gracia, para alcanzar misericordia y hallar gracia para el oportuno socorro. (Hebreos 4:16)

> ...Jehová es nuestro Rey; él mismo nos salvará. (Isaías 33:22)

Querubines en el templo

Cuando el hijo de David, Salomón, construyó el templo para reemplazar al tabernáculo, los querubines se encuentran nuevamente en el arreglo, pero esta vez aún más. El templo siguió muy de cerca el modelo que Dios le mostró a Moisés para el tabernáculo. En 1 Crónicas 28:11, 12 leemos que David dio a su hijo Salomón los planos para cada una de las partes del templo, y estos planos los había puesto el Espíritu en su mente (cp. 1 Crónicas 28:12). Es importante recordar esto. Las figuras de los querubines que adornaban el templo eran idea *de Dios*, no eran adornos concebidos por la mente humana.

Imagine que usted está allí, en el reinado de Salomón, hace unos tres mil años. Está subiendo por las escaleras que están delante de la entrada oriental del nuevo templo, el edificio más famoso del mundo. Para los visitantes de otras tierras, esta es la atracción principal de la ciudad capital del rey más sabio y más rico del mundo. Pero significa más que eso para usted y sus compatriotas. Es la morada escogida terrenal de Jehová de los ejércitos, y hoy es su Día de la Expiación. Hoy es el único día del año que *cualquier* persona puede entrar en el lugar santísimo, el sanctasantórum.

Y usted es esa persona, porque es el sumo sacerdote.

Usted y sus colegas sacerdotes ya han ofrecido los sacrificios especiales para este día sobre el gran altar que está delante del templo. Ahora lleva un tazón lleno con la sangre de un macho cabrío que fue sacrificado como ofrenda especial por el pecado del pueblo. Usted debe llevar esta sangre al interior del lugar santísimo, y rociarla sobre el propiciatorio del arca del testimonio.

Al final de la escalera usted entra a un pórtico pasando entre dos columnas gigantes de bronce fundido. Delante de usted hay dos puertas enormes, y en ellas están talladas elaboradamente unas figuras de querubines. Su mirada va de inmediato a sus alas, luego a sus hombros como los de un león, y después a sus solemnes y misteriosos rostros. Todas estas características están realzadas por oro batido, que relumbra en el brillante sol de mediodía de Israel. Al mirar uno de los rostros, siente de repente que un escalofrío le recorre el cuello. Con una punzada de terror imagina la realidad de la presencia de ellos en su hogar del cielo.

Valientemente, usted extiende una mano, y una de las puertas gira suavemente a su toque. Usted contiene la respiración. Siente que los querubines tras la puerta abierta le están observando cuando entra al enorme salón. Delante de usted reluce un piso cubierto de oro. Lejos, a cada lado, hay paredes cubiertas de oro de unos quince metros. La luz de los candelabros de oro que hay a ambos lados del salón se refleja en las esculturas que cubren las paredes, un número incontable de querubines. Sus impresionantes figuras están resaltadas por palmeras y flores, todas cubiertas de oro. Usted está de pie durante varios minutos mirando fijamente un querubín, y luego a otro, y a otro más. Cada uno de ellos parece estar vivo. Usted casi teme seguir adelante.

Finalmente avanza. Sus pies descalzos pisan de manera lenta y silenciosa los dieciocho metros de piso de oro, hasta pararse frente a un altar cuadrado y cubierto de oro. De este se eleva el humo del incienso sagrado. Detrás del altar se elevan por encima de usted dos puertas más cubiertas de oro, y estas también están cubiertas de querubines tallados, palmeras y flores. Se arrodilla delante del altar del incienso, ora, y luego se pone de pie de nuevo y se dirige a la parte posterior del altar. Usted extiende el brazo para tocar una de las puertas cubiertas por querubines, y cierra los ojos. Solo después de hacer girar ambas puertas, que se abren de par en par, abre sus ojos para ver un salón que no ha sido tocado ni visto por todo un año: el santuario interior, el lugar santísimo.

La brillante luz del salón principal llega a raudales a través de la puerta de entrada al santuario cubierto de oro. Frente a usted se elevan dos estatuas brillantes de soberbios querubines de oro, cada uno de ellos de unos metros de altura. Sus alas están levantadas hacia arriba y hacia afuera. Sus alas exteriores tocan la pared. Y sus alas interiores se tocan entre sí, formando un arco de cinco metros de ancho. Por debajo del arco alado está el arca del testimonio, con su propiciatorio, donde están dos querubines más con sus alas extendidas haciendo sombra al arca. En la majestad silenciosa de esa sala usted siente que las manos y las piernas le tiemblan. Cae de rodillas. Y el familiar comienzo del Salmo 99 salta de su corazón a sus labios:

> El Señor reina, estremézcanse los pueblos; *sentado está sobre los querubines,* tiemble la tierra. (LBLA)

Siglos más tarde, los babilonios destruyeron este hermoso templo. Los afligidos judíos deben haber tenido en mente el Salmo 74 al lamentar lo que habían hecho los invasores a estas hermosas paredes cubiertas de querubines:

> ...con hachas y martillos
> *han quebrado todas sus entalladuras.*
> Han puesto a fuego tu santuario,
> han profanado el tabernáculo de tu nombre,
> echándolo a tierra.

Pero ya la visión del nuevo templo había sido dada al sacerdote y profeta Ezequiel, que estaba con los judíos exiliados en Babilonia. El nuevo templo se llenaría también de querubines desde el piso hasta el techo "alrededor de todo el muro, por dentro y por fuera, en el interior y el exterior" (Ezequiel 41:17), y de nuevo estaría salpicado de palmeras. Esta era la apariencia de los querubines:

> ...cada querubín tenía dos rostros; un rostro de hombre hacia la palmera de un lado, y un rostro de león hacia la palmera del otro lado... (41:18, 19)

Y una vez más, las puertas del santuario estarían llenas de "labrados de querubines y palmeras, como los que había en las paredes" (41:25).

Pero incluso en esta exaltada visión, la vista de esos querubines probablemente no habría sido tan impresionante para Ezequiel, como lo sería para usted o para mí, porque no mucho antes Ezequiel había tenido el privilegio de ver *la cosa real.* Dios abrió los cielos, y dio una visión a Ezequiel de su trono y de los querubines alrededor del mismo.

El poder y la hermosura de estos seres angelicales no pueden ser totalmente expresados por la limitación del lenguaje humano, pero Ezequiel hace lo mejor que puede. Sus descripciones en Ezequiel 1 nos empujan más allá de nuestra imaginación humana, aunque incluyen muchos detalles. Vale la pena incluir aquí casi todo este capítulo, con su impresionante presentación de estos seres celestiales. (Ezequiel los llama primero "seres vivientes", y no es sino hasta el capítulo 10 que los identifica como querubines).

De la primera visión que tiene Ezequiel, dice: "Y miré, y he aquí venía del norte un viento tempestuoso, y una gran nube, con un fuego envolvente, y alrededor de él un resplandor, y en medio del fuego algo que parecía como bronce refulgente, y en medio de ella la figura *de cuatro seres vivientes*". Lo que primero llama más la atención de Ezequiel es sus rostros, sus alas y su fuego.

> Y esta era su apariencia: había en ellos semejanza de hombre. Cada uno tenía cuatro caras y cuatro alas. Y los pies de ellos eran derechos, y la planta de sus pies como planta de pie de becerro; y centelleaban a manera de bronce muy bruñido. *Debajo de sus alas, a sus cuatro lados, tenían manos de hombre; y sus caras y sus alas por los cuatro lados.* Con las alas se juntaban el uno al otro...
>
> Y el aspecto de sus *caras* era cara de hombre, y cara de león al lado derecho de los cuatro, y cara de buey a la izquierda en los cuatro; asimismo había en los cuatro cara de águila. Así eran sus caras. Y tenían sus alas extendidas por encima, cada uno dos, las cuales se juntaban; y las otras dos cubrían sus cuerpos...
>
> Cuanto a la semejanza de los seres vivientes, su aspecto era *como de carbones de fuego encendidos,* como visión de hachones encendidos que andaba entre los seres vivientes; y el fuego resplandecía, y del fuego salían relámpagos.

Ezequiel también está fascinado por sus movimientos:

> Y cada uno caminaba derecho hacia adelante; hacia donde el espíritu les movía que anduviesen, andaban; y cuando andaban, no se volvían... Hacia donde el espíritu les movía que anduviesen, andaban... Y los seres vivientes corrían y volvían a semejanza de relámpagos.

Después ve un fascinante movimiento, como el de un baile de ruedas brillantes y llenas de ojos que se entrecruzan. Pero notemos que las ruedas de los seres vivientes no son independientes, sino que, de alguna manera, son espiritualmente parte de ellos. Trate de imaginar la visión:

> Miré a los seres vivientes de cuatro caras, y vi que en el suelo, junto a cada uno de ellos, había una rueda. Las cuatro ruedas tenían el mismo aspecto, es decir, brillaban como el topacio y tenían la misma forma. Su estructura era tal que cada rueda parecía estar encajada dentro de la otra…
>
> Las cuatro ruedas tenían grandes aros y estaban llenas de ojos por todas partes. Cuando los seres vivientes avanzaban, las ruedas a su lado hacían lo mismo, y cuando se levantaban del suelo, también se levantaban las ruedas. Los seres iban adonde el espíritu los impulsaba, y las ruedas se elevaban juntamente con ellos, porque el espíritu de los seres vivientes estaba en las ruedas.

Ezequiel también nos permite escuchar con sus oídos:

> Cuando los seres avanzaban, yo podía oír el ruido de sus alas: era como el estruendo de muchas aguas, como la voz del Todopoderoso, como el tumultuoso ruido de un campamento militar.

Los ángeles siempre nos señalan a Dios, y eso ahora se vuelve claro también en el caso de Ezequiel. No está mostrando esta visión solo para que aprendamos sobre los querubines, sino más bien para que escuchemos una palabra de parte del Señor. Ezequiel da una mirada "sobre las cabezas de los seres vivientes", y ve "una expansión a manera de cristal maravilloso". Escucha una voz desde la expansión, y luego mira hacia arriba y ve esta impresionante visión:

> Y sobre la expansión que había sobre sus cabezas se veía la figura de un trono que parecía de piedra de zafiro; y sobre la figura del trono había una semejanza que parecía de hombre sentado sobre él... desde sus lomos para abajo, vi que parecía como fuego, y que tenía resplandor alrededor. Como parece el arco iris que está en las nubes el día que llueve, así era el parecer del resplandor alrededor. Esta fue la visión de la semejanza de la gloria de Jehová. Y cuando yo la vi, me postré sobre mi rostro, y oí la voz de uno que hablaba.

Después de todos estos preliminares, Dios le da ahora a Ezequiel su llamamiento y sus instrucciones, según consta en Ezequiel 2 y 3.

Ezequiel debe haber recordado esta visión cada día por el resto de su vida, cuando enfrentaba las luchas y las presiones de vivir su llamamiento. Esto debe haberle producido una motivación y un aliento constantes para pensar que este era el Dios a quién él servía.

¿Cuántos de nosotros nos deleitaríamos teniendo una majestuosa y misteriosa visión como esa, para seguir adelante con el llamamiento específico que Dios nos haya hecho? Pero el hecho es que *sí* la tenemos. Por medio de su Palabra, el Señor nos la ha dado para siempre. El Dios a quien Ezequiel vio rodeado de brillantes querubines y servido por ellos, siempre será el mismo. La visión de Ezequiel es para usted y para mí, incluso más de lo que fue para Ezequiel.

En las Escrituras, nunca vemos a querubines sirviendo como mensajeros de Dios a los hombres, al menos mediante sus palabras. Pero su apariencia debió haber comunicado mucho a Ezequiel, al pueblo de Dios que veía las figuras en el templo y en el tabernáculo, y a Adán y Eva huyendo del Edén.

Serafines

El nombre *serafín* significa "ardiente" o "brillante" (recordándonos de nuevo que Dios hace a sus ángeles "llamas de fuego". Salmo 104:4; Hebreos 1:7). Los serafines moran tan cerca de la presencia de Dios que arden con santa brillantez. Ellos son mencionados por nombre solamente en un pasaje de la Biblia, ¡pero qué escena tan impresionante! Volvamos de nuevo a la visión donde Isaías ve a Dios en su trono y oye voces alrededor de él gritando: "Santo, santo, santo, Jehová de los ejércitos" (Isaías 6:1-4).

Isaías dice que estos son serafines que pronuncian esa alabanza continua. Los describe diciendo que tienen seis alas. Con dos alas cubren sus rostros en reverencia. Esto nos recuerda la majestuosa gloria de Dios. La Biblia dice que ningún hombre ha visto jamás a Dios y vivido, e incluso estos ángeles se protegen del resplandor de la gloria de Dios cuando están en su presencia. Matthew Henry lo expresó de esta manera:

> Aunque los rostros de los ángeles son, sin duda, mucho más puros que los rostros de los hijos de los hombres (Hechos 6:15), en la presencia de Dios se los cubren porque no pueden soportar el deslumbrante brillo de la gloria divina; y porque, conscientes de la distancia infinita de la perfección divina, se avergüenzan de mostrar sus rostros delante del Dios santo".

Isaías nota también que los serafines cubren sus pies con dos alas más. Esto habla de su humildad y de su reverencia al esperar que Dios les dé sus siguientes instrucciones. Con sus otras dos alas, los serafines vuelan. Estas dos alas los impulsan con celeridad para hacer todo lo que Dios les llame a hacer.

Notemos la proporción: cuatro alas para adorar, y solamente dos para trabajar, el doble de la atención por estar en la presencia de

Dios, en comparación con la realización de otras responsabilidades. Parece que hoy normalmente invertimos esta relación. Haríamos bien en ser más como los serafines. Al igual que la visión de Ezequiel de los querubines, la visión de Isaías de los serafines nos ofrece otra imagen de reverencia y adoración respetuosa, para ayudarnos a saber cómo acercarnos a nuestro Padre celestial. Tratar de imitar el ejemplo de ellos puede parecer fatigoso e incluso inquietante, pero si solo se sintiera cómoda y conveniente, Dios no sería Dios.

Isaías conocía esta tensión. Aunque los serafines cantaban "Santo, santo, santo", él estaba pensando cuán "impuro, impuro, impuro" era él. Por eso gritó: "¡Ay de mí, que estoy perdido!" (6:5). Pero, por medio del toque de un carbón encendido de la mano de un serafín a los labios de Isaías, el profeta pudo continuar en su encuentro con el Dios Santo. El Señor nos dará también a nosotros la gracia perfecta para que hagamos lo mismo.

Al igual que en el caso de Ezequiel, después de esta experiencia Isaías fue capaz inmediatamente de oír el llamado específico de Dios. Isaías respondió gozosamente: "Heme aquí", dijo. "Envíame a mí". Nuestro entendimiento de la voluntad de Dios para nuestras vidas se abrirá también después de una prolongada experiencia de adoración en el temor de Dios.

Los seres vivientes y los ancianos

Al final de la Escritura, en la visión que tuvo Juan en la isla de Patmos, él vio a "cuatro seres vivientes" que tienen similitudes con los serafines en Isaías 6, y con los querubines en Ezequiel 1. Su nombre, "seres vivientes", nos dice rápidamente que tienen vida, y que son seres creados. Al igual que los querubines, estos seres vivientes son cuatro, y eran semejantes a un león, a un buey, a un hombre y a un águila (Apocalipsis 4:7). Y, como los serafines, tienen seis alas, y honran a Dios con alabanza continua de "Santo, santo, santo es el Señor Dios Todopoderoso", a la cual añaden una nueva frase: "el que era, el que es, y el que ha de venir" (4:8). Son capaces de adorar a Dios de esta nueva manera por dos cosas que sabemos de ellos de inmediato. La primera, es que están "*en el centro*, alrededor del trono" (4:6). Es posible que estén más cerca de Dios que cualquier otro ser angélico. La segunda cosa que sabemos de ellos es que están "cubiertos de ojos por delante y por detrás", lo que nos recuerda a las ruedas de los querubines en Ezequiel 1, las que tenían ojos a lo largo de los aros. Estos seres vivientes de Apocalipsis están plenamente vivos para verlo todo, pasado y futuro, por delante y por detrás. Quizás pueden *ver* realmente que Dios era, y es, y ha de venir.

Los cuatro seres vivientes están involucrados no solamente en la adoración a Dios, sino también en la ejecución de su ira final sobre la tierra. Cuando Juan ve que el Cordero abre el primero de los siete sellos, dice:

> ...oí a uno de los cuatro seres vivientes que decía, como con voz de trueno: Ven. (6:1 LBLA)

Este grito autoritativo convoca a un jinete montado sobre un caballo blanco que "salió como vencedor, para seguir venciendo" (6:2). Cuando Cristo abrió los tres sellos siguientes, los otros tres seres vivientes, cada uno a su vez, grita también en voz alta: "¡Ven!" Una vez más, la simple orden de ellos trae de inmediato a un caballo y a un jinete para destruir la tierra. Los seres vivientes saben cómo hacer que sus palabras sean tenidas en cuenta. Más tarde, Juan vio "siete ángeles que tenían las siete plagas... Entonces *uno de los cuatro seres vivientes* dio a los siete ángeles siete copas de oro llenas del furor de Dios, que vive por los siglos de los siglos" (15:6, 7).

Estrechamente asociados con los cuatros seres vivientes del Apocalipsis, están los "veinticuatro ancianos". Cuando Juan los ve por primera vez, están sentados en veinticuatro tronos rodeando el trono de Dios. Estaban "vestidos de ropas blancas, con coronas de oro en la cabeza" (4:4). Este nombre de *ancianos* implica "liderazgo mediante el ejemplo". Son como el "ejemplo de nuestros mayores", como aquellos de mayor edad que vemos como modelos para nuestra conducta. Como "ancianos", tienen el mismo nombre de los líderes ordenados que tienen nuestras iglesias y que vemos en la Biblia. Por eso, tal vez su adoración y su servicio a Dios tienen el propósito especial de ser un ejemplo para quienes tienen el liderazgo en las iglesias, y quienes, a su vez, deben ser "ejemplos de la grey" (1 Pedro 5:3).

Los ancianos de Apocalipsis están especialmente involucrados en la proclamación de los actos salvíficos de Dios para con los hombres. Uno de sus momentos más gloriosos es cuando "el séptimo ángel tocó la trompeta" (11:15), y voces celestiales resonantes anuncian que, al fin, el mundo está completa y eternalmente bajo el reinado de Cristo.

Los ancianos son ahora el centro de atención de Juan, quienes nos dan el ejemplo de cómo responder al señorío de Cristo: "Los veinticuatro ancianos que estaban sentados en sus tronos delante de Dios se postraron rostro en tierra y adoraron a Dios". Escuchemos su alabanza (11:17, 18), y cómo ella nos involucra a usted y a mí y a todos los cristianos que conocemos, grandes y pequeños:

> Te damos gracias, oh Señor Dios Todopoderoso, el que eres y el que eras, porque has tomado tu gran poder y has comenzado a reinar. Y las naciones se enfurecieron, y vino tu ira y llegó el tiempo de juzgar a los muertos y de dar la recompensa a tus siervos los profetas, a los santos y a los que temen tu nombre, a los pequeños y a los grandes, y de destruir a los que destruyen la tierra. (LBLA)

¡Notemos aquí la seguridad de que Dios, efectivamente, cuidará de nosotros! Los ancianos saben esto, y quieren que nosotros lo sepamos también.

Vea ahora lo que sucede después y deje que su mente recuerde a aquellos querubines en el templo, y lo que ellos representaban:

> Entonces se abrió en el cielo el templo de Dios; allí se vio el arca de su pacto, y hubo relámpagos, estruendos, truenos, un terremoto y una fuerte granizada. (NVI)

¡Estos ancianos saben, definitivamente, lo que significa recibir una respuesta cuando adoran! No es de extrañar que les encantara hacer eso todo el tiempo.

Vemos a los ancianos y a los cuatro seres vivientes adorando juntos a menudo; de hecho, casi podríamos decir que los seres vivientes marcan el ritmo como líderes de la adoración en el cielo, mientras que los veinticuatro ancianos son sus asistentes que nos muestran cómo responder debidamente. Un ejemplo de esto se encuentra en 4:9, 10.

> *Cada vez que estos seres vivientes* daban gloria, honra y acción de gracias al que estaba sentado en el trono, al que vive por los siglos de los siglos, *los veinticuatro ancianos* se postraban ante él y adoraban al que vive por los siglos de los siglos. (NVI)

En ese momento, los ancianos "echan sus coronas delante del trono" y alaban a Dios por su dignidad como Creador y Sustentador de todas las cosas. ¡Qué ejemplo para nosotros! Dejan de lado su propia honra (sus coronas) para dar más gloria al Único que es digno de toda ella.

Observemos también a los ancianos y a los seres vivientes trabajando juntos en la escena con los rollos sin abrir de Apocalipsis 5, cuando Juan lloraba "porque no se había encontrado a nadie que fuera digno de abrir el rollo". Fue "uno de los ancianos" quien dijo a Juan que dejara de llorar, y entonces dirigió su atención a Cristo. Juan vio entonces "en medio de los cuatro seres vivientes y del trono y los ancianos, a un Cordero que estaba de pie" (5:6). Después que Cristo tomó el rollo de la mano de Dios, "*los cuatro seres vivientes y los veinticuatro ancianos* se postraron delante del Cordero. Cada uno tenía un arpa y copas de oro llenas de incienso, que son las oraciones del pueblo de Dios. Y entonaban este nuevo cántico: 'Digno eres de recibir el rollo escrito y de romper sus sellos, porque fuiste sacrificado, y con tu sangre compraste para Dios gente de toda raza, lengua, pueblo y nación. (5:8, 9 NVI).

La escena llega a su clímax cuando "toda criatura que hay en el cielo, y en la tierra, y debajo de la tierra" cantan alabanzas a Dios y al Cordero (5:13).

Veamos de nuevo a nuestro equipo de adoración en acción:

> *Los cuatro seres vivientes* exclamaron: "¡Amén!", y *los ancianos* se postraron y adoraron. (5:14 NVI)

Y después de ese "amén", estoy seguro de que hubo este sentimiento general: "¡Qué maravilloso servicio de adoración hemos tenido!" No podía ser mejor. Si estos seres celestiales serán realmente nuestros futuros líderes de adoración allá arriba, ¿no es grandioso que Dios nos los haya presentado ya a nosotros?

Mientras tanto, conozcamos a unos ángeles especiales, uno por uno. "Uno por uno" es, en realidad, lo más que podemos hacer ahora, porque la Escritura da nombres solamente a dos de ellos. Y ambos son justificadamente famosos.

Gabriel

El nombre "Gabriel" significa "Poderoso de Dios". Gabriel probablemente ganaría fácilmente el premio de "El ángel más admirado". Él siempre parece estar trayendo noticias importantes y, por lo general, noticias muy buenas.

Gabriel se encontró con Zacarías en el lugar santísimo del templo para decirle que sus oraciones habían sido escuchadas (¡y eso siempre es una buena noticia!), y que tendría un hijo. Y no cualquier hijo, sino el precursor del Mesías (Lucas 1:11-17). Poco después, Gabriel va donde una joven llamada María para darle la mejor noticia que el mundo ha oído jamás: que Dios estaba enviando a su hijo a la tierra en la carne, para establecer un reino que nunca tendría fin (1:26-37).

Quinientos años antes, la noticia que Gabriel trajo a Daniel era más complicada, con sus visiones de acontecimientos futuros que sacudirían al mundo. Pero su palabra de bienvenida a Daniel en 9:23 nos recuerda la noticia que oyó Zacarías, y que todos anhelamos escuchar: "Tan pronto como empezaste a orar, Dios contestó tu oración". Gabriel tenía una buena noticia que dar, porque Él está en lugar indicado para saberla: Le dijo a Zacarías: "Yo soy Gabriel, que *estoy en la presencia de Dios*". Si usted quiere dar una buena noticia a las personas que ama, permanezca en la presencia de Dios.

Sin duda, Gabriel será un espectáculo impresionante que contemplaremos en el cielo, pero cuando él vino a Daniel parece que había tomado un aspecto humano más normal. Daniel dice que tenía "apariencia de hombre" (8:15), y más tarde lo llama "el hombre a quien había visto en mi visión anterior" (9:21).

Gabriel es perfecto para el trabajo de ser el mensajero de Dios. Observe con qué brevedad y cortesía le dice a Daniel por qué ha venido. "*Voy a explicarte* lo que va a pasar" dice en 8:19. Y en su visita siguiente le dice:

> Daniel, he venido en este momento *para que entiendas todo con claridad*. Tan pronto como empezaste a orar, Dios contestó tu oración. He venido a *decírtelo*... (9:22, 23 NVI).

Del mismo modo hace clara su misión a Zacarías:

> ...estoy en la presencia de Dios, y he sido enviado para hablarte y anunciarte estas buenas nuevas. (Lucas 1:19 LBLA).

También sabe cómo ser positivo y alentador, una gran habilidad que se debe tener en la comunicación. Le dice a Daniel: "Eres muy estimado" (9:23). Y escuchemos sus palabras de aliento a María:

> ¡Salve, muy favorecida! El Señor está contigo... No temas, María, porque has hallado gracia delante de Dios. (Lucas 1:28-30 LBLA).

Gabriel sabe también moverse con rapidez. Daniel nos dice: "Y mientras yo seguía orando... Gabriel... vino *en raudo vuelo*" (9.21 NVI).

Miguel

El nombre "Miguel" significa "¿Quién es como Dios?" Mientras que Gabriel es más un ángel anunciador que predicador, Miguel está más involucrado en la protección y la lucha. Aun los propios ángeles parecen tener dones y responsabilidades especiales, al igual que los miembros del cuerpo de Cristo.

En Apocalipsis, por ejemplo, además de ver a Miguel en su tarea de luchar, leemos acerca de un ángel "que tenía autoridad sobre el fuego" (14:18), de "el ángel de las aguas" (16:5), y de un ángel que tenía "la llave del abismo" (20:1). Al parecer, los ángeles, al igual que los creyentes, tienen sus propias tareas perfectas para llevar a cabo la voluntad perfecta de Dios.

Solo tres veces en la Escritura vemos que es mencionado este Miguel en particular (hay otros tres Miguel en el Antiguo Testamento, pero son hombres, no ángeles).

Miguel es un defensor regio del pueblo de Dios, Israel. Hay tres referencias a él en Daniel, y su eslogan se vuelve progresivamente más exaltado y más personal hacia Israel: primero es llamado "uno de los príncipes de primer rango" en 10:13; luego es "Miguel *vuestro* príncipe" en 10:21, y finalmente es "Miguel, el gran príncipe protector de tu pueblo" en 12:1.

En el Nuevo Testamento, Miguel es mencionado dos veces. En Apocalipsis 12:7, es el guerrero al frente de la gran batalla celestial contra Satanás: "Se desató entonces una guerra en el cielo: Miguel y sus ángeles combatieron al dragón; éste y sus ángeles, a su vez, les hicieron frente".

En Judas 9, es llamado "el arcángel Miguel". El título "arcángel" significa el ángel que es "primero, principal, jefe". Solamente a Miguel se le da ese nombre en las Escrituras (no a Gabriel); por tanto, es posible que Pablo se esté refiriendo a Miguel como "[*el*] arcángel" en 1 Tesalonicenses 4:16.

> El Señor mismo descenderá del cielo con voz de mando, con [la] voz [del] *arcángel* y con trompeta de Dios, y los muertos en Cristo resucitarán primero. (NVI)

La voz de Miguel podría ser la que oigamos en el día del rapto.

¿Es Miguel el ángel que está por encima de todos los demás? Bien puede ser, aunque la referencia a él en Daniel 10 como "uno de los príncipes de primer rango" es suficiente para que evitemos ser dogmáticos al respecto. Apocalipsis 8:2 habla de "los siete ángeles que están de pie delante de Dios". Si estos son los siete ángeles principales, es posible que Miguel sea uno de ellos, y tal vez incluso el jefe de los siete. Todo esto es otro misterio del cual nos ocuparemos más adelante.

Si Miguel es el más importante de todos los ángeles, entonces su nombre es muy apropiado, "¿Quién es como Dios?" La respuesta, por supuesto, es: "Nadie". Nadie puede compararse a Dios, ni siquiera el poderoso capitán del ejército de los ángeles. Independientemente de las grandes batallas que Miguel gana, o de cualquier cosa grande que cualquier ángel haga, nuestra alabanza tiene que ser solamente para el Señor, "el único que hace maravillas" (Salmo 72:18).

Sí, tener un nombre que sea significativo es una gran manera de que los demás sepan lo que hay de importante en alguien. Eso, sin duda, es lo que sucede con los ángeles, que son mensajeros, ejércitos de guerreros, santos, poderosos, vigilantes, guardianes esforzados, encendidos y brillantes, seres vivientes y ejemplos de mayores, pero aun así, no mucho en comparación con Dios.

¿Y qué hay de usted y de mí? ¿Revelan nuestros nombres las mejores verdades en cuanto a nosotros? ¡Por supuesto que sí! Somos santos, cristianos ("pequeños Cristos"), creyentes, hermanos y hermanas en el Señor, hijos de Dios, discípulos y muchísimo más.

Pero todo es esto bien sería otro capítulo, para otro libro.

Capítulo 9

El Ángel Más Grande

HAY ÁNGELES, y Él Ángel

Juntos hemos llegado al mayor misterio de todos en nuestro estudio: se trata del llamado "*el* ángel de Jehová".

No hay duda de que usted habrá notado ya que en el Antiguo Testamento el "ángel" que está hablando es identificado a menudo directamente con Dios mismo. El ángel no parece simplemente venir *de parte* del Señor, sino que realmente *es* el Señor mismo. Al adentrarnos de nuevo en la Escritura, enfoquemos nuestro lente mental en esta pregunta: ¿Podría ser este el Señor mismo quien aparece en estos encuentros?

¿Dios o ángel?

Estamos de regreso a ese camino desierto donde una mujer se arrodilla junto a un manantial. Es Agar, la sierva egipcia de Sarai, la esposa de Abram. Aquí junto al pozo, "*el ángel del Señor*" encontró a Agar (Génesis 16:7). En la conversación que tienen, el ángel le hace una promesa directamente de Dios: "Multiplicaré tanto tu descendencia, que no podrá ser contada a causa de la multitud" (16:10).

Cuando Agar escuchó esta promesa, ¿a quién creyó ella estar viendo y oyendo? El versículo 13 nos dice:

> Entonces llamó el nombre de *Jehová* que con ella hablaba: *Tú eres Dios* que ve; porque dijo: *¿No he visto también aquí al que me ve?*

¿Era un ángel o era Dios?

Subamos ahora al monte Moriah, en un momento no muchos años después. En la cima de la montaña, siguiendo las instrucciones de Dios, Abraham está a punto de clavar un cuchillo en el cuerpo de un muchacho que está atado sobre el altar. Es su amado hijo Isaac. Abraham tiene el brazo levantado, pero "el ángel del Señor le gritó desde el cielo: ¡Abraham! ¡Abraham!... No pongas tu mano sobre el muchacho" (22:11, 12 NVI).

De inmediato, el ángel le dice a Abraham: "Ahora sé que temes a *Dios*, porque ni siquiera te has negado a darme a tu único hijo". Entonces, un agradecido Abraham ofrece un sacrificio diferente sobre el altar, un carnero en vez de su hijo. Luego:

> *El ángel de Señor* llamó a Abraham por segunda vez desde el cielo, y le dijo: Como has hecho esto, y no me has negado a tu único hijo, juro por *mí mismo* —afirma *el Señor*— que te bendeciré... (22:15-17 NVI).

¿Era un ángel, o era Dios?

Años más tarde, Jacob el hijo de Isaac, está contando a su familia un sueño que tuvo:

> *El ángel de Dios* me dijo en el sueño: 'Jacob'; y yo respondí: "Heme aquí". Y él dijo: ...*Yo soy* el *Dios* de Betel, donde...

> me hiciste un voto. Levántate ahora, sal de esta tierra, y vuelve a la tierra donde naciste. (LBLA)

¿Era éste un ángel en el sueño de Jacob, o era Dios?

Pero pronto Jacob haría más que soñar con este ser celestial. Cuando obedeció las instrucciones del ángel de regresar a su tierra natal, estaba acampando tarde una noche junto al río de Jaboc. Más temprano esa tarde había enviado a su familia y sus posesiones al otro lado del vado del río. Por alguna razón dispuesta por Dios, Jacob se quedó atrás. "Jacob se quedó solo, y *un hombre* luchó con él hasta rayar el alba" (32:24).

¿Quién era este hombre, este tenaz luchador?

El profeta Oseas nos dice que era un "ángel", y resume lo que sucedió con Jacob esa noche: "Luchó con *el ángel* y lo venció; y le rogó que lo favoreciera" (12:4).

En Génesis tenemos más información. Cuando este "hombre" que luchaba con Jacob "vio que no había prevalecido contra Jacob, le tocó en la coyuntura de la cadera, y ésta se le dislocó" (32:25). Al amanecer, el "hombre" le dio a Jacob un nuevo nombre, Israel, que significa "has luchado *con* Dios". Entonces Jacob dijo: "Dame a conocer ahora *tu nombre*". El "hombre" evitó responder la pregunta de Jacob, y en vez de eso "lo bendijo allí mismo". A la luz del sol de la mañana, Jacob, cansado y ahora cojeando, dijo: "He visto a *Dios* cara a cara, y todavía sigo con vida".

¿Era un ángel el "hombre" que vio Jacob, o era Dios?

Cuatro siglos después, Moisés estaba apacentando ovejas en "el otro extremo del desierto" cerca de Horeb, la montaña de Dios. "Estando allí, *el ángel del Señor* se le apareció entre las llamas de una zarza ardiente" (Éxodo 3:1, 2). Entonces "*Dios* lo llamó de en medio de la zarza" (3:4). Moisés nunca olvidaría lo que este "ángel" le dijo:

> YO SOY EL QUE SOY... Éste es mi nombre eterno; éste es mi nombre por todos los siglos. Anda, reúne a los ancianos de Israel y diles: "*El Señor*, el *Dios* de sus antepasados, el Dios de Abraham, de Isaac y de Jacob, se me apareció..." (3.14-16 DHH).

¿Dios o un ángel?

Otros cuatro siglos más tarde, en un pueblo israelita llamado Zora, "el ángel del Señor" se le apareció a la estéril esposa de un hombre llamado Manoa. El ángel le prometió que tendría un hijo (que después sería llamado Sansón). Cuando ella dio a su esposo esta emocionante noticia, describió al mensajero como "un hombre de Dios" que "por su aspecto imponente parecía un ángel de Dios. Yo no le pregunté de dónde venía, ni él me dijo cómo se llamaba" (Jueces 13:6)

Poco tiempo después, el ángel vino de nuevo. Esta vez, también lo vio Manoa, pero "no se había dado cuenta de que era el ángel del Señor" (13:16).

> Así que le preguntó: ¿Cómo te llamas, para que podamos honrarte cuando se cumpla tu palabra? ¿Por qué me preguntas *mi nombre*?, replicó él. *Es un misterio maravilloso*" (13:17, 18 NVI).

Siguiendo las instrucciones del ángel, Manoa preparó un holocausto para ofrecerlo sobre un altar de rocas al Señor.

> "Y mientras Manoa y su esposa observaban, *el Señor* hizo algo maravilloso: Mientras la llama subía desde el altar hacia el cielo, *el ángel del Señor* ascendía en la llama. Al ver eso, Manoa y su esposa se postraron en tierra sobre sus rostros. Y el ángel del Señor no se volvió a aparecer a Manoa y a su esposa.

> Entonces Manoa se dio cuenta de que aquél era *el ángel del Señor*. ¡Estamos condenados a morir!, le dijo a su esposa. ¡Hemos visto a *Dios*! (13:19-22 NVI)

Aproximadamente a la misma hora, el ángel del Señor hizo una especie de viaje de un extremo a otro de Israel para transmitir un mensaje urgente a toda la nación. Era urgente, porque el pueblo se había descarriado tanto, al punto de negarse a derribar los altares paganos que había en el país. Dios, en su misericordia, hizo todo lo posible por captar la atención de su pueblo:

> *El ángel del Señor* subió de Gilgal a Boquim y dijo: Yo os saqué de Egipto y os conduje a la tierra que había prometido a vuestros padres... Pero vosotros no me habéis obedecido...

Como castigo, el ángel les advirtió que no expulsaría a los pueblos paganos de la tierra de Israel, sino que los dejaría para que fueran "como espinas" en su costado.

> "Cuando *el ángel del Señor* les habló así a todos los israelitas, el pueblo lloró a gritos. Por eso llamaron a aquel lugar Boquín [que significa "los que lloran"], y allí ofrecieron sacrificios al *Señor*" (Jueces 2:1-5 NVI).

Y eso sucedió, una y otra vez, en el Antiguo Testamento. "*El ángel del Señor*" entraba en escena con reprensión, guía o estímulo. Se le apareció a Gedeón cuando este estaba sacudiendo el trigo en un lagar; a David, en el tiempo del castigo de la plaga; a los profetas Elías y Zacarías; e incluso a la asna de Balaam. Y fue "el ángel del Señor" el que salió de noche y mató a ciento ochenta y cinco mil asirios que acampaban fuera de Jerusalén.

En estos pasajes, ¿vieron realmente las personas (y también la burra) a Dios?

Pero la Escritura es clara: *Ningún hombre y ninguna mujer pueden jamás ver a Dios.* El Señor mismo le dijo esto a Moisés en el desierto: "No podrás ver mi rostro, *porque nadie puede verme y seguir con vida*" (Éxodo 33:20). Jesús lo dijo también al declarar que solamente Él tenía una relación única con Dios: "*Al Padre nadie lo ha visto,* excepto el que viene de Dios", dijo a los judíos, "sólo él ha visto al Padre" (Juan 6:46).

La enseñanza de Pablo es consistente con esto. Él llama al Señor el "Dios invisible" (Colosenses 1:15), y lo alaba como el "que vive en luz inaccesible, *a quien nadie ha visto ni puede ver*" (1 Timoteo 6:16). El apóstol Juan coincide. "*Nadie ha visto jamás a Dios*", dice dos veces, primero en su Evangelio (1:18), y después en su primera epístola (4:12). Moisés le recordó cuidadosamente al pueblo de Israel que cuando la presencia del Señor vino con fuego y truenos en el monte Sinaí, "*ustedes no vieron ninguna figura*" (Deuteronomio 4:15). Dios no puede ser visto.

Entonces, ¿quién *era* "el ángel del Señor"?

Aunque el Ángel del Señor parece, de algún modo, ser *diferente* de Dios, no se puede negar que, de alguna manera misteriosa, era también claramente identificado *con* Dios y era Dios, no como los otros ángeles. Por tanto, es posible que usted esté diciendo ahora mismo que este capítulo no tiene que estar en un libro sobre los ángeles. Puede ser que otros estarían de acuerdo con usted. Lewis Sperry Chafer nos recuerda que el título "Ángel del Señor" "le pertenece solamente a Dios, y es utilizado en conexión con las manifestaciones divinas en la tierra; *por consiguiente, de ningún modo puede estar incluido en las huestes angelicales*".

J. M. Erickson escribe:

> No es posible, entonces, extraer de la naturaleza del ángel del Señor inferencias que puedan aplicarse a todos los ángeles.

Al mirar el ángel del Señor, estamos de alguna manera definitiva mirando a Dios. Y Él, como sabemos, está puesto aparte de los ángeles, así como lo está de todo el resto de la creación. En cierto sentido, las acciones y el proceder del ángel del Señor en esos sorprendentes pasajes no nos dice más acerca de los ángeles, que lo que nos dicen nuestras trepadoras amigas las orugas con su simple presencia. Sin embargo, Dios, en su sabiduría, utiliza la palabra ángel para identificar esta manifestación especial de sí mismo en estos pasajes. Y ya que el propósito más profundo de este libro que usted tiene en sus manos no es simplemente enseñarnos en cuanto a los ángeles, sino más bien ayudarnos a aprender *por medio de* los ángeles lo que podamos saber sobre Dios mismo, avancemos y sigamos adelante con el tema en las siguientes páginas.

¿Pudo el ángel ser Cristo?

Sin duda, el ángel del Señor debió ser algo más que un ángel con credenciales especiales. ¿De alguna manera habrá descendido Dios el Padre presentándose a sí mismo con una forma humana temporal? O, ya que el ángel del Señor parece ser distinto de Dios en el cielo, pero también identificado con Él, y que parece poseer su deidad, ¿es posible que en realidad él pudiese ser *Cristo*? ¿Vino y caminó en la tierra Dios el Hijo, la segunda persona de la Trinidad, siglos antes de nacer como un niño en Belén? Algunos eruditos y maestros de la Palabra han sido renuentes a llegar a esa conclusión, especialmente porque el Nuevo Testamento no insiste claramente en ello. J. M. Wilson dice que, de las diversas explicaciones propuestas en cuanto al ángel del Señor, identificarlo con Dios el Hijo "es ciertamente la interpretación más tentadora para la mente". Luego añade:

> Pero hay que recordar que, en el mejor de los casos, se trata solo de conjeturas que tocan un punto que es un gran misterio... Las apariciones del ángel del Señor... llegaron a su fin con la venida del Salvador, y son, por tanto, una prefiguración de (y una preparación para) la total revelación de Dios en Jesucristo. Más allá de esto, no es prudente ir.

Pero a lo largo de los siglos, muchos que han escudriñado las Escrituras creen que es válido ir más lejos, entre ellos Calvino, quien escribió:

> Más bien me inclino... a estar de acuerdo con los escritores antiguos, en cuanto a que los pasajes que dicen que el ángel del Señor se les apareció a Abraham, Jacob y Moisés, ese ángel era Cristo.

"A todas luces", dice C. F. Dickason, el ángel del Señor "parece ser el Hijo pre encarnado".

"Cristo", escribió Lewis Sperry Chafer, "es el ángel de Jehová". Y Billy Graham escribe:

> No hay motivos para poner en tela de juicio la muy temprana y tradicional interpretación cristiana, de que en estos casos hay una manifestación de pre encarnación de la segunda persona de la Trinidad.

Sin embargo, en vez de aceptar la palabra de otros, veamos nosotros mismos algunas de las evidencias.

En primer lugar, sabemos que Cristo es, ciertamente, eterno. Su existencia no comenzó en Belén. "Él estaba con Dios en el principio" (Juan 1:2). "Antes de que Abraham naciera, ¡yo soy!", dijo a los judíos (8:58). Tenía gloria en la presencia de Dios "antes de que el mundo existiera" (17:5), y una tierna relación con su Padre "desde antes de la creación del mundo" (17:24).

De modo que, sabemos que Cristo estaba allí, cuando menos, y disponible para el ministerio durante los tiempos del Antiguo Testamento.

Veamos ahora de qué manera es Cristo diferente al Padre y al Espíritu Santo. De las tres personas de la Trinidad, la segunda es la más involucrada en la manifestación de Dios al hombre.

Ya hemos visto los pasajes de la Escritura que nos dicen que nadie puede ver a Dios el Padre. Igualmente, la tercera persona de la Trinidad está también asociada con un ministerio invisible. El Espíritu Santo es como el viento, y "el viento sopla por donde quiere, y lo oyes silbar, aunque ignoras de dónde viene y a dónde va" (Juan 3:8). Jesús da a entender que los creyentes estarán conscientes de la obra del Espíritu Santo dentro de ellos, pero el Espíritu mismo será invisible tanto para ellos como para el mundo, el cual "no le ve, ni le conoce" (Juan 14:17).

Pero la Biblia recalca que la segunda persona de la Trinidad es Dios hecho carne, que es Dios en forma humana. Él es "Emanuel", que significa: "*Dios con nosotros*" (Mateo 1:23). Él es el Hijo único de Dios, quien está "a la diestra del Padre" y quien "le ha dado a conocer" (Juan 1:18). Él "fue manifestado en carne" y "visto de por los ángeles" (1 Timoteo 3:16).

Juan lo describe con sus sentidos físicos:

> Lo que ha sido desde el principio, lo que hemos *oído*, lo que hemos *visto* con nuestros propios ojos, lo que hemos *contemplado*, lo que hemos *tocado*... hemos visto y damos testimonio. (1 Juan 1:1, 2 NVI)

Y un día, los hombres "*verán* al Hijo del Hombre, que vendrá en las nueves con gran poder y gloria" (Marcos 13:26).

Cristo es Dios a la vista. Cristo es Dios visible, tangible y conocible. Y el ministerio del ángel del Señor en el Antiguo Testamento es consistente con esto. Incluso la personalidad del ángel del Señor parece consistente con lo que sabemos de Jesús. Algunas de las frases pronunciadas por el ángel del Señor a Gedeón nos recuerdan lo que Cristo dijo a sus discípulos en el Nuevo Testamento: "¿No te envío yo?" (Jueces 6:14). "Yo estaré contigo..." (6:15). "Paz a ti; no tengas temor..." (6:23).

En el último libro del Antiguo Testamento, el último libro escrito antes de la venida de Cristo, el Mesías prometido es descrito como "el mensajero del pacto, en quien ustedes se complacen" (Malaquías 3:1). En hebreo, esta palabra "mensajero" es el mismo término comúnmente traducido como "ángel"; por tanto, la frase en Malaquías es traducida a menudo como "el ángel del pacto". Este título podría ser una designación que conecte a "el ángel del Señor" con Cristo, precisamente en las últimas páginas antes de que el antiguo pacto dé paso al nuevo. Jesús pudo ser el "ángel del Señor", así como es, con toda seguridad, el "ángel del pacto".

Otro pasaje intrigante que puede atestiguar sobre este tema es 1 Corintios 10:1-4. Pablo está recordando a los hebreos que siguieron a Moisés cuando salieron de Egipto. Pensemos en aquellos días del pueblo de Dios. Leemos cómo "el ángel del Señor" viajaba junto con la columna de nube y fuego (Éxodo 14:19). Y en el monte Sinaí, el Señor les hizo esta promesa: "*Mi* ángel te guiará y te introducirá en la tierra" (23:23). Notemos lo que dice Dios acerca de este guía fiel:

> He aquí yo envío mi Ángel delante de ti para que te guarde en el camino, y te introduzca en el lugar que yo he preparado. Guárdate delante de él, y oye su voz; no le seas rebelde;

> porque él no perdonará vuestra rebelión, porque mi nombre está en él. (23:20, 21)

Definitivamente, este ángel está por encima de los ángeles normales, porque el mismísimo "nombre" de Dios estaba en él. Además, podía perdonar pecados, y "¿quién puede perdonar pecados, sino sólo Dios?" (Marcos 2:7). El ángel del Señor estaba guiando personalmente a los israelitas de Egipto a la tierra prometida.

Pablo nos recuerda ahora, en términos espirituales, la experiencia de los hebreos en el desierto:

> ...y todos en Moisés fueron bautizados en la nube y en el mar, y todos comieron el mismo alimento espiritual, y todos bebieron la misma bebida espiritual; porque bebían de la roca espiritual que los seguía, *y la roca era Cristo*. (1 Corintios 10:2-4)

La "roca espiritual" que acompañó a Israel en el desierto, dice Pablo, era Cristo. ¡Cristo estaba allí! Pudo ser en esa primera tarde de la Pascua Florida, cuando estuvo caminando, sin ser reconocido, con Cleofas y su amigo en el camino de Jerusalén a Emaús, que el Jesús resucitado "les explicó lo que se refería *a él* en *todas* las Escrituras"; pudo ser que les hablara esa tarde de la promesa hecha a Agar junto a un manantial en el desierto; de la vez que evitó que Abraham matara a su hijo Isaac; de la ocasión en que habló a Moisés desde una zarza ardiente; de la vez que se levantó en llamas delante de Manoa y su esposa; e incluso de cuándo mostró una espada flameante a una asna asustada y a su incauto jinete.

Dios estaba allí

Pero, ¿qué importancia tiene todo esto para nosotros?

Ante todo, nos muestra el amor de Dios. En los tiempos del

Antiguo Testamento, las Escrituras no estaban aún completas, el Hijo de Dios no había vivido su ministerio expiatorio, y el Espíritu Santo morando en los creyentes no había dado nacimiento todavía a la iglesia. ¡Qué privilegiados somos nosotros hoy de tener todo esto!

Pero Dios, en su amor, proporcionó una gracia especial a su pueblo por medio del ángel del Señor. Dios *se preocupó profundamente* por ellos en su condición, e hizo algo al respecto. Isaías lo expresa bien:

> En todas sus angustias Él fue afligido,
> y *el ángel de su presencia los salvó;*
> en su amor y en su compasión los redimió,
> los levantó y los sostuvo todos los días de antaño.
> (63:9 LBLA)

En muchos momentos críticos de la historia del Antiguo Testamento, Dios estaba allí en la forma de su ángel, dando su amorosa dirección: cuando la descendencia de la nación comenzó con las vidas de Abraham, Isaac y Jacob; cuando el pueblo fue sacado de la esclavitud y conducido por el desierto; y cuando enfrentaron muchas pruebas y enemigos en la tierra que Dios había escogido para ellos.

Las apariciones del ángel del Señor cesaron después del nacimiento de Jesucristo, una pequeña evidencia más de que Él pudo haber sido, ciertamente, ese ángel. Ese hecho también nos enseña la suprema importancia de la encarnación de Cristo, del ministerio del Espíritu Santo, y de la revelación de la Escritura en su totalidad. Ahora que tenemos todo esto, no necesitamos al ángel de Señor.

Entendamos especialmente que Cristo no habría podido salvarnos como el ángel del Señor. Para llevar a cabo nuestra redención, tuvo que hacerse carne. Tenía que convertirse en *uno de nosotros*, no en un ángel.

> Por tanto, ya que ellos son de carne y hueso, él también compartió esa naturaleza humana... Pues, ciertamente, no vino en auxilio de los ángeles sino de los descendientes de Abraham. Por eso era preciso que en todo se asemejara a sus hermanos... a fin de expiar los pecados del pueblo. (Hebreos 2:14-17 NVI)

Es muy posible que en el Antiguo Testamento, Cristo haya venido a la tierra en la forma de un ángel, del Ángel más grande. Pero el hecho más absoluto, más fiable y más innegable en toda la historia es que en el Nuevo Testamento vino a la Tierra como hombre; sí, como Dios mismo entre nosotros.

Capítulo 10

Para Enseñarnos a Adorar

EN SU SABIO Y AGRADABLE LIBRO *Somewhere Angels* (Ángeles en algún lugar), Larry Libby dice a los niños (y a sus padres) dos cosas importantes en particular y que podemos aprender de los ángeles. Una de ellas es esta: "Podemos aprender cómo adorar al Señor con todo nuestro corazón".

La adoración de los ángeles no es solamente de todo corazón, sino también todo el tiempo. Libby dice:

> Creo que los ángeles han estado adorando desde el momento que abrieron sus ojos y vieron la sonrisa de Dios... Hay siete ángeles alrededor del trono de Dios que nunca, jamás, dejan de alabar su nombre. No tienen descanso o interrupción. No se van a casa de noche, porque no hay noche, y no quieren irse del lado de Dios, aunque tuvieran esa posibilidad. Gritar y cantar alabanzas al Señor es lo que único que hacen —y lo único que *quieren* hacer— eternamente.

Jesús habló de ángeles que "ven siempre el rostro de mi Padre que está en los cielos" (Mateo 18:10). Estoy seguro de que el resultado de su mirada ininterrumpida al rostro de Él es muchísima *adoración* rica y genuina. ¿No sería emocionante ser parte de eso?

De todas las cosas en que hemos fallado en la iglesia a lo largo de los años, la adoración es quizás la más grande. Si dar gloria a Dios es el objetivo principal de la humanidad, de alguna manera Satanás ha hecho que nos atrapen otras cosas. Lo que sucede en muchos lugares en nombre de la adoración, no es realmente eso en absoluto. Hemos perdido el sentido de lo que significa adorar verdaderamente a Dios.

Pero los ángeles pueden ayudarnos a redescubrirlo.

Cuando nos encontramos por primera vez con ángeles en las Escrituras, ellos guardaban la entrada al paraíso terrenal, impidiendo a Adán y Eva el acceso al árbol de la vida. Pero varios cientos de páginas más adelante, cuando llegamos al último capítulo de Apocalipsis, Juan logra realmente hacer un viaje, guiado por un ángel, del paraíso celestial, en el que se encontraba el árbol de la vida en medio del mismo. Después del viaje, el ángel le dice a Juan: "¡*Adora a Dios*!"

Entre el huerto del Edén en Génesis, y la Nueva Jerusalén en Apocalipsis, hay mucha adoración angélica. Y la clase de adoración de los ángeles es adoración *de verdad*. Tenemos mucho que aprender de ellos. Los ángeles adoran tan bien, porque ellos siempre obedecen a Dios perfectamente, y la adoración es una de las cosas que Él les ha ordenado a ellos que hagan, y también a nosotros. Realmente, podemos escucharle en Hebreos 1:6 ordenando a todos los ángeles que adoren a su hijo Jesucristo.

> ...cuando introduce al Primogénito en el mundo, dice: *Adórenle todos los ángeles de Dios.*

Los ángeles viven en la presencia de Dios, y se mantienen enfocados en Él; es aquí de donde obtienen su majestad y su veneración.

Con esa clase de estilo de vida, ¿cómo pueden evitar ellos ser majestuosos e imponentes? Me pregunto cómo seríamos usted y yo si acampáramos cada noche al lado del glorioso trono de Dios, y siguiéramos llenos de su presencia, incluso cuando saliéramos al mundo para hacer su obra.

He estado con algunas personas así. ¿Y usted? Cuando se está con estas personas, uno casi no está seguro de qué decir. Hay algo tan diferente en ellas, de modo que usted llega a la misma conclusión que hicieron acerca de los discípulos en Hechos 4:13: que habían "estado con Jesús". El Señor es lo único de lo cual quieren hablar, y esas personas nos hacen también desear y pensar más en Él. Tal vez han tomado lecciones de un ángel, como sobre la que reflexiona A. W. Tozer:

> Si algún observador o un santo que ha pasado alegremente siglos junto al mar de fuego viniera a la tierra, cuán sin sentido sería para él el parloteo incesante de las ocupadas tribus de los hombres... Y si hablara en la tierra, ¿no hablaría de Dios? ¿No hechizaría y fascinaría a sus oyentes con eufóricas descripciones acerca de la Deidad? Y después de oírle, ¿podríamos nosotros jamás desear escuchar otra cosa que no sea teología, la doctrina de Dios? ¿No exigiríamos después a aquellos con la presunción de enseñarnos, que nos hablen desde el monte de la visión divina o entonces que permanezcan totalmente en silencio?

Al ir al "monte de la visión divina" en la Escritura, pienso especialmente en dos lecciones sobre la adoración que nos enseñan en sumo grado los ángeles: el *temor de Dios* en la adoración, y la *libertad* en la adoración.

Temor de Dios

¿Recuerda el Salmo 89:7? Los santos ángeles de Dios no solo le temen; le temen *grandemente*.

> Se teme a Dios en la asamblea de los santos ángeles; él es más grande y asombroso que cualquiera de los que lo rodean. (PDT)

Aquí, la Escritura utiliza la palabra *asombroso*, que usted ha visto aparecer muchas veces en este libro. Es una pena que, por el uso excesivo y el mal uso de esta palabra en nuestra cultura, ella ha perdido casi el poder que tuvo una vez. Con su significado más antiguo, realmente no hay una palabra como esta que describa tan bien lo que encontramos en este libro. *Asombroso* significa "que inspira asombro", y "*asombro*", a su vez, significa "temor mezclado con reverencia; un sentimiento producido por algo majestuoso y sublime". Mantenga ese significado clásico en mente al imaginar a los ángeles mirando alrededor en su "asamblea" en el cielo y por todo el universo, no viendo nada ni a nadie que remotamente se acerque a la majestuosidad de Dios. Ellos saben que Él es sublime y majestuosamente santo, asombrosamente santo. Por consiguiente, le demuestran "temor mezclado con reverencia".

Las escenas más majestuosas de la adoración celestial en toda la Escritura se encuentran en Apocalipsis. Aquí, los seres angelicales demuestran su reverencia a Dios y lo ponen de manifiesto una y otra vez. "Día y noche" los cuatros seres vivientes "repetían sin cesar: *Santo, santo, santo* es el Señor Dios todopoderoso" (4:8). Y "cada vez que estos seres vivientes ofrecían esa alabanza, "los veinticuatro ancianos *se postran* delante del que está sentado en el trono, y adoran al que vive por los siglos de los siglos, y *echan sus coronas delante del trono*" (4:10).

En la visión de Juan, después que Cristo ha tomado de las manos de Dios el rollo con los siete sellos, "los cuatro seres vivientes y los veinticuatro ancianos *se postraron* delante del Cordero" (5:8). Hubo más cánticos de alabanza, y después "los cuatro seres vivientes exclamaron: ¡Amén!, y los ancianos *se postraron* y adoraron" (5:14). Después que seis de los sellos del rollo fueron abiertos, "*todos los ángeles* estaban en pie alrededor del trono, y de los ancianos y de los cuatro seres vivientes; *y se postraron sobre sus rostros* delante del trono, y adoraron a Dios" (7:11). La apertura del séptimo sello presenta a siete ángeles con siete trompetas, y después que la última de ellas ha sido tocada, "los veinticuatro ancianos que estaban sentados delante de Dios en sus tronos, *se postraron sobre sus rostros*, y adoraron a Dios" (11:16).

De todo lo que podemos saber por la Escritura, estos seres espirituales están ahora mismo adorando de esta misma manera al mismo Dios que usted y yo llamamos nuestro Señor. Si estos seres santos, con todo lo asombrosos que son, dan voces de alabanza por la santidad de Dios día y noche, ¿cuánto más deberíamos hacerlo nosotros? Si ellos, que son puros y espléndidos, se postran delante de Dios una y otra vez, ¿con qué frecuencia deberíamos hacerlo nosotros?

¿Es que hemos tenido una idea equivocada en cuanto a la adoración? ¿Estamos dejando afuera con demasía la reverencia? ¿Estamos tratando en vano de tener más intimidad con Dios, cuando debiéramos estar más conscientes de la distancia que tiene que haber para siempre entre Él y nosotros?

M. J. Erickson escribe:

> La adoración de algunos, que enfatiza legítimamente el gozo y la confianza que el creyente tiene en su relación con un Padre celestial amoroso, va más allá de ese punto a una familiaridad excesiva, tratándolo como un igual, o peor aún,

> como un sirviente... Aunque hay espacio para el entusiasmo y la expresión, que son necesarios, y quizás incluso para la exuberancia, eso nunca debe llevar a una pérdida del respeto. Siempre habrá un sentido de temor reverente y de maravilla. Aunque hay amor, confianza y familiaridad entre nosotros y Dios, no somos iguales. Él es el Señor todopoderoso y soberano. Nosotros somos sus siervos y sus seguidores.

En un sentido, el temor es simplemente nuestro reconocimiento sincero de los hechos. Dios es santo en sí mismo y por sí mismo. Nosotros no. Y siendo la santidad lo que ella es (exclusiva, diferenciada, intocable, inescrutable, esplendente y abrasadora), no podemos simplemente ser indiferentes, despreocupados y comodones en cuanto a ella. Los ángeles practican el temor de Dios, porque ya están en su presencia. Nosotros debemos tener temor de Dios, porque un día estaremos allá también para ver la santidad de Dios de cerca.

Crecemos en el temor del Señor cuando pensamos más claramente en el momento que todos compareceremos, *efectivamente*, delante de Él. Cuando llegue el momento de recibir nuestras recompensas, daremos cuenta total a Dios de las responsabilidades que Él nos ha dado como sus hijos aquí. Todo lo que yo esté planificando ahora, todo lo que esté pensando, todo lo que esté haciendo, o todo lo que esté diciendo, contará para el reino de Dios, o no contará para nada. Lo sabré todo ese día cuando esté de pie delante de Él.

Cuando Pablo dijo: "*Conociendo, pues, el temor del Señor*", eso fue inmediatamente después de habernos hecho esta advertencia:

> Porque es necesario que todos nosotros comparezcamos ante el tribunal de Cristo, *para que cada uno reciba* según lo que haya hecho mientras estaba en el cuerpo, sea bueno o sea malo. (2 Corintios 5:10, 11).

Los parámetros por los cuales seremos medidos en el tribunal de Cristo, son los parámetros perfectos del Dios santo. Por tanto, tenemos el temor de Él.

Pero el temor del Señor es mucho más grande que eso. En realidad, nuestro temor de Él continuará en el cielo, aun después del juicio. En una grandiosa escena de adoración en Apocalipsis 19, después que los veinticuatro ancianos y los cuatro seres vivientes gritan: "¡Aleluya!", sale una voz del trono celestial para el pueblo redimido de Dios: "Alabad a nuestro Dios todos sus siervos, y *los que le teméis*, así pequeños como grandes". Esto se produce cuando somos llamados a la gran cena de bodas del Cordero. Aun en la eternidad seguiremos siendo seres humanos redimidos, agradecidos, con temor de Dios, con un temor bueno y perfecto.

Anteriormente, en el Salmo 99, vimos brevemente la celebración de aquel que "tiene su trono entre los querubines". Tres veces se nos recuerda algo acerca de Dios en este breve cántico: Que "él es *santo*" (v. 3); "él es *santo*" (v. 5); "*santo* es el Señor nuestro Dios" (v. 9). Los querubines entienden esta verdad. Nosotros, también debemos entenderla, y temer. "En los viejos tiempos, a los hombres de fe se les decía que 'anduvieran en el temor de Dios' y que 'sirvieran al Señor con temor'", nos recuerda A. W. Tozer:

> No importa qué tan íntima fuera la comunión de ellos con Dios, o qué tan osadas fueran sus oraciones, en el fondo de su vida religiosa estaba el concepto de Dios como alguien asombroso y terrible.

¿Por qué razón, y de qué manera, hemos perdido este "vigorizante temor", como lo llama después Tozer? Nosotros deseamos ávidamente la sabiduría y la búsqueda de conocimiento para la vida, pero olvidamos lo que la Biblia nos da como el único punto de partida:

> "El principio de la sabiduría es *el temor del Señor*, y el conocimiento del *Santo* es inteligencia. (Proverbios 9:10 LBLA)

En el Salmo 36, la primera falla que David encuentra en el pecador es que "no hay temor de Dios delante de sus ojos". Quizá es también la primera falla que los ángeles encuentran en nuestra adoración, y la primera que debemos corregir, "por causa de los ángeles" (1 Corintios 11:10).

Libertad en la adoración

Aunque los ángeles son perfectos en su temor de Dios, no sentimos en absoluto que el temor los *paralice*. En vez de eso, ellos demuestran una gran libertad en su adoración. Tienen la libertad de alabar a Dios de la manera que Él quiere ser adorado.

En la visión de Ezequiel, él vio que los querubines "iban donde el espíritu los impulsaba" (1:12), y "*se desplazaban de un lado a otro* con la rapidez de un rayo" (1:14).

En el sueño de Jacob, este vio que ángeles *subían y bajaban* por la escalera que llevaba a la presencia de Dios (Génesis 28:12). Jesús los describe como "*subiendo y bajando* sobre el Hijo del Hombre" (Juan 1:51).

En Job 38:7, los seres celestiales cantan a coro y *gritan de alegría* en reconocimiento a la obra de Dios.

En Hebreos 12:22, los millares y millares de ángeles son descritos como estando en "una *asamblea gozosa*".

A lo largo de Apocalipsis, vemos no solamente los continuos actos de gran reverencia a Dios y al Cordero por parte de los ángeles, sino también sus exuberantes arrebatos de irrestricta alabanza. En 5:8, 9, los cuatro seres vivientes y los veinticuatro ancianos tienen arpas, y Juan los escucha entonando "un nuevo cántico". Una de las escenas más memorables está en Apocalipsis 7. Después que una inmensa multitud de los redimidos (vestidos con ropas blancas, y con palmas en las manos) alabó a Dios, los ángeles, los seres vivientes, y los ancianos, hicieron lo mismo. Escuchamos sus gritos de adoración como tañidos de campanas o saludos de salvas de cañones:

> ¡Amén!
> La alabanza, la gloria,
> la sabiduría, la acción de gracias,
> la honra, el poder y la fortaleza
> son de nuestro Dios por los siglos de los siglos.
> ¡Amén! (7:12 NVI)

Cuando Dios contempló esta visión, podría haber pensado que era imposible que pudiera darse una adoración más majestuosa, poderosa y triunfante. Pero el crescendo sigue en aumento.

En el capítulo 19, hay un desbordamiento de gozo caracterizado por cuatro grandes gritos de "¡Aleluya!", proveniente de una "gran multitud en el cielo". Gritan a Dios: "Gocémonos y alegrémonos y démosle gloria", al ser anunciada la cena de las bodas del Cordero. Se regocijan especialmente porque a la esposa del Cordero se le ha concedido que se vista de "lino fino, limpio y resplandeciente". Los ángeles saben que estas ropas de boda representan "las acciones justas de los ángeles", y participan del gozo que nosotros tenemos por ellas. No es de extrañar que en ese momento Juan se postrara para adorar al ángel que le estaba mostrando todo esto.

¡Cuánta libertad y plenitud de gozo vemos aquí, y pensar que todo eso es por lo que Dios hizo por *nosotros*! Entonces, ¿no fuimos creados *nosotros* para adorar también con esta intensidad? Si los ángeles gritan "¡Aleluya!" por nosotros, sin duda que podemos sentirnos libres para hacerlo en nuestra propia adoración también. Los creyentes maduros saben que un corazón lleno de acción de gracias es el suelo más fértil para que haya libertad en la adoración. Pero dar gracias no está reservado solamente a la humanidad redimida. Vemos a los veinticuatro ancianos haciendo esto por nosotros en 11:16, 17. Se postran sobre sus rostros, y dicen:

> *Te damos gracias,* oh Señor Dios Todopoderoso, el que eres y el que eras, porque has tomado tu gran poder y has comenzado a reinar. (LBLA)

Así como el Salmo 99 enseña el temor en la adoración al recordarnos la santidad de Dios, el Salmo que sigue enseña la libertad que tenemos en nuestra adoración por medio de la acción de gracias. El Salmo 100 comienza diciendo: "*Aclamad con júbilo* al Señor". Somos invitados con entusiasmo a adorar "al Señor con *regocijo*", a venir "ante él con *cánticos de júbilo*", y a entrar "por sus puestas con *acción de gracias*".

Así como la santidad de Dios es la razón para nuestro temor de Él, el compasivo y fiel amor de Dios es la razón para nuestra libertad y nuestra acción de gracias. El Salmo concluye de esta manera:

> …*denle gracias,* alaben su nombre.
> Porque *el Señor es bueno* y su gran *amor* es eterno;
> su *fidelidad* permanece para siempre. (NVI)

Adoración libre en las alturas

Los querubines nos dan otra poderosa escena de adoración libre. Dios dio instrucciones específicas en cuanto a los querubines esculpidos sobre el propiciatorio del arca del testimonio: "Tendrán *extendidas las alas hacia arriba*" (Éxodo 25:20). Siglos más tarde, cuando el arca del testimonio fue trasladada del tabernáculo al templo de

Salomón, las alas de los majestuosos querubines de alrededor de cinco metros, que estaban en el lugar santísimo, fueron también esculpidas "extendidas" (1 Reyes 6:27). Las alas son para volar, y las alas de los querubines daban al pueblo de Dios una imagen del vuelo libre en la presencia de Dios.

Podemos entender por qué las alas de los querubines esculpidos fueron diseñadas así cuando nos encontramos con el querubín real en la visión de Ezequiel: "Sus alas se desplegaban hacia arriba" (Ezequiel 1:11). Las alas son partes en movimiento; y una de las impresiones más fuertes que recibió Ezequiel en esta visión fue el gran ruido hecho por el movimiento de ellas. El ruido siempre le recordaba a Dios.

> Cuando los seres avanzaban, yo podía oír *el ruido de sus alas:* era como el estruendo de muchas aguas, *como la voz del Todopoderoso*, como el tumultuoso ruido de un campamento militar. (1:24 NVI)

> *Y el estruendo de las alas de los querubines* se oía hasta el atrio de afuera, *como la voz del Dios Omnipotente* cuando habla. (10:5)

Los querubines en la presencia de Dios no están atrapados en una quietud silenciosa, sino dedicados a la adoración libre y activa (¡y ruidosa!).

Tal vez los serafines de seis alas en Isaías 6 muestran algo de la misma escena. Isaías dice que con dos de sus alas "volaban", y su vuelo puede ser una expresión de adoración libre al llevar a cabo su trabajo. En su comentario sobre este pasaje, Matthew Henry nos pregunta:

> Si los ángeles vienen sobre las alas del cielo con el fin servir para nuestro bien, ¿no nos remontaremos nosotros sobre las alas de la Tierra al cielo, para participar con ellos su gloria?

Nosotros, también, "[levantaremos] alas como las águilas" (Isaías 40:31) si confiamos en el Señor y permitimos que su fuerza nos renueve. Nuestro vuelo a las alturas puede tener lugar tanto en la adoración con en cualquier otro lugar, cuando nuestros corazones, manos y voces se elevan libremente por encima de las inhibiciones personales y culturales.

El soberano gobierno de Dios sobre nosotros hoy, es "la ley perfecta que da libertad" (Santiago 1:25), y en esa libertad debemos tener la libertad de "[elevar] al Dios de los cielos nuestro corazón y nuestras manos" (Lamentaciones 3:41). Porque "donde está el Espíritu del Señor, allí hay libertad" (2 Corintios 3:17).

Convocatoria a los ángeles a adorar

Entonces, los ángeles nos ayudan a adorar. ¿Podemos *nosotros* ayudar a los ángeles a hacer lo mismo?

¡Tal vez podamos!

De vez en cuando en los Salmos, el escritor humano convoca a los ángeles a alabar a Dios. David hace esto en los salmos 29 y 103:

> Tributen al Señor, *seres celestiales*…
> Tributen al Señor la gloria que merece su nombre;
> *póstrense ante el Señor* en su santuario majestuoso.
> (29:1, 2 NVI).

> *Alaben al Señor, ustedes sus ángeles*,
> paladines que ejecutan su palabra
> y obedecen su mandato. (103:20, 21 NVI)

El autor anónimo del Salmo 148 hace la misma petición:

> Alaben al Señor desde los cielos, alábenlo desde las alturas. *Alábenlo, todos sus ángeles, alábenlo, todos sus ejércitos.* (148:1, 2 NVI).

¿Realmente harían caso los ángeles a un simple hombre que les pide que alaben a Dios? ¿Por qué no? Como dice Larry Libby en *Somewhere Angels:* "Ellos alabarán al Señor por la razón que sea, y les encanta hacerlo".

Tal vez Dios ha determinado algo especial para ellos con antelación. Sabiendo cuán emocionante y gratificante es la adoración para los ángeles, quizá les dijo: "Mientras que yo obro en los corazones de mi pueblo en la tierra, y ellos citan los pasajes de las Escrituras que les convocan a ustedes a adorarme, yo con mucho gusto les doy a ustedes el privilegio de responder a sus palabras. ¡Ustedes pueden inspirarse en el ejemplo para hacer que los cánticos de ustedes para mí sean aún más dulces, y sus gritos aún más fuertes!"

Probablemente valga la pena intentarlo. Siga adelante, levante su mirada a las alturas en algún momento, y pida a los ángeles que viertan el carbón encendido en la intensidad de su adoración. Pero asegúrese usted de hacer lo mismo en la suya.

Fuego y viento otra vez

Para aprender lo más que podamos de los ángeles en cuanto a nuestra adoración, podríamos volver una vez más al fuego y al viento, la imagen apropiada de los ángeles que nos da Dios en el Salmo 104 y en Hebreos 1.

En nuestra adoración, el fuego nos recuerda el temor. Al igual que los ángeles, tememos a Dios, porque Él es fuego consumidor. Su ardiente santidad nos conduce a la responsabilidad personal y al temor. De la misma manera, en nuestra adoración, el viento nos recuerda la libertad y el Espíritu. Al igual que los ángeles, queremos ser libres como el viento, tan activos como la brisa en la adoración dirigida por el Espíritu. Porque "el viento sopla de donde quiere" y "así es todo aquel que es nacido del Espíritu" (Juan 3:8). El amor de Dios que se remonta a las alturas nos lleva adelante a la acción de gracias y a la libertad.

Para que usted pueda mantener el equilibrio en su adoración y su devoción a Dios, sature su corazón con ambas cosas: temor y libertad. Fuego y viento. La grandiosa santidad de Dios y el grandioso amor de Dios. Mañana, cuando tenga su encuentro con el Señor en las primeras horas del día para su tiempo devocional personal y privado, asegúrese de tener en cuenta estos dos lados de la adoración. Y recuerde ambos lados también el domingo siguiente, cuando se reúna con la familia de Dios. Usted no puede hacer que los demás que están allí se sumerjan más en la adoración, pero sí puede ser responsable de su propio corazón y de tenerlo preparado para tener un encuentro con Dios más pleno en la adoración pública colectiva, como no lo había tenido antes.

Y eso, a la vez, le preparará mejor para ese día de adoración en las alturas, cuando nos unamos en adoración perfecta con los ángeles.

Capítulo 11

NOS ENSEÑAN CÓMO TRABAJAR

OTRA BUENA LECCIÓN que podemos aprender de los ángeles, como dice Larry Libby en su libro para niños *Somewhere Angels* (Ángeles en algún lugar), es esta: "Aprendemos el gran gozo de obedecer a Dios rápidamente".

Calvino dice que, "por consideración a nosotros", las Escritura nos han mostrado las alas de los serafines y los querubines "para asegurarnos que cuando la ocasión lo requiera, ellos se apresurarán a venir en nuestra ayuda con increíble rapidez, volando hacia nosotros con la velocidad de un rayo".

Una vez más, la ilustración del fuego y el viento sugiere una imagen poderosa: los ángeles en su obediente servicio son tan intensos como las llamas, y tan rápidos como el viento. Los ángeles son tan buenos en el *trabajo* que Dios les da, como lo son en la *adoración*. Dios puede contar con ellos, y nosotros también. No hay ningún trabajo mal hecho o negligencia de su parte. Cuando David pide a los ángeles que alaben a Dios en el Salmo 103, dice: "Vosotros sus ángeles, que *ejecutáis su palabra* y *obedecéis su mandato*… siervos suyos que *cumplís su voluntad*".

Los ángeles están tan absortos en su trabajo que incluso su aspecto depende de su misión. Dependiendo de la tarea que Dios les da en su servicio a nosotros, pueden mantenerse invisibles a nuestros ojos, aparecer en forma humana común y corriente, o tomar un aspecto más glorioso. Su forma, —lo que *son*— depende de su función, de lo que *hagan*. Como dice J. M. Wilson: "En general, simplemente son considerados como *expresiones concretas de su misión*". Recordemos aquí de nuevo a Hebreos 1:14. Es un versículo importantísimo, del cual podemos encontrar en cada frase verdades, implicaciones y reflexiones en cuanto al trabajo de los ángeles: (a) los ángeles son *enviados* (en una misión); (b) son enviados para *ministrar* (eso significa *servicio*, y servicio significa *trabajo*); (c) *todos* los ángeles son enviados (no hay vagos entre ellos); y (d) van solo a *los que heredarán la salvación* (¡su trabajo nos beneficia a nosotros!).

Teniendo en mente las palabras de David en el Salmo 34:7: "El ángel de Jehová acampa alrededor de los que le temen", Matthew Henry comenta varios aspectos del trabajo de los ángeles. Señala que Dios utiliza a los ángeles "para la protección de su pueblo de la maldad y del poder de los espíritus malignos; y los santos ángeles hacen más por nosotros cada día de lo que somos conscientes. Aunque en dignidad y naturaleza son muy superiores a nosotros... aunque tienen una ocupación constante en el mundo superior, (el trabajo de alabar a Dios) y tienen derecho a un descanso y a una dicha constantes allí (por obediencia a su Creador, y por amor a los que tienen su imagen), se dignan a ministrar a los santos y a defenderlos contra los poderes de las tinieblas; no solo los visitan, sino que también acampan alrededor de ellos, actuando para su bien..."

Los ángeles reciben instrucciones diferentes para personas diferentes en circunstancias diferentes. Los ángeles que se le aparecieron a Daniel le dijeron que "sellara" la visión y las palabras proféticas que le habían sido dadas (Daniel 8:26; 12:4), porque "para eso falta mucho tiempo". (A propósito, los eruditos piensan que esta puede ser la razón por la que las visiones de Daniel están escritas en su propia lengua hebrea, mientras que el resto de Daniel está escrito en arameo, el idioma más común del imperio babilónico.) Pero en Apocalipsis, el ángel que habla con Juan le dice específicamente: "*No* selles las palabras de la profecía de este libro, porque el tiempo está cerca" (22:10). No hay duda de que los ángeles deben tener cuidado en seguir exactamente las instrucciones que reciben.

Como señalamos antes, la palabra ángel significa "mensajero"; por tanto, el trabajo de mensajero parece ser una gran parte de la descripción de las funciones de un ángel. Y los ángeles son mensajeros *confiables*. En Lucas 2, los pastores fueron a Belén para ver al niño Jesús, y encontraron todo "como se les había dicho" (2:20). ¿Quién había dado a los pastores una imagen tan precisa de lo que iban a encontrar? Fue un ángel.

Cuando el ángel le dice a Juan en Apocalipsis: "Estas son las palabras *verdaderas* de Dios" (19:9), y "Estas palabras son *fieles* y *verdaderas*" (22:6), no lo dudamos ni por un momento. Los ángeles dicen la verdad.

Vimos antes cómo estuvieron involucrados de una manera especial estos fieles mensajeros en la comunicación de la ley de Dios a la humanidad, la cual "se promulgó por medio de ángeles" (Gálatas 3:19; Hechos 7:53). Como seres santos que siempre han obedecido perfectamente a Dios, los ángeles tienen probablemente una comprensión total de la ley de Dios para la humanidad. La conocen y la entienden mejor que lo que usted y yo conocemos el abecedario. La Biblia nunca dice que los ángeles desean saber más acerca de la ley; lo que ellos "anhelan mirar" es la cuestión de nuestra salvación (1 Pedro 1:12), nuestra redención de aquellos a quienes la ley condena, pero por quienes murió Jesús. Ya que como seres humanos no estuvimos a la altura de la ley que los ángeles nos trajeron, estoy seguro de que se sintieron emocionados al recibir la tarea de comunicar la venida de nuestro Salvador, quien nos salva de la maldición de la ley.

Otro servicio de los ángeles aparece en Apocalipsis 7:3, 4. Los ángeles pusieron un sello "en la frente a los siervos de nuestro Dios", y este sello marca a los creyentes como propiedad del Señor. Esto contrasta con la "marca de la bestia" que llevan aquellos que pertenecen al diablo (13:16, 17), y que están destinados, por tanto, a recibir la atormentadora ira de Dios (14:9-11). Podemos estar agradecidos de que los ángeles harán este servicio de manera precisa y total. (¿No le horrorizaría ser un creyente a quien los ángeles, involuntariamente, olvidaran sellar ese día?)

Como hemos visto muchas veces, todo lo bueno, o noble, o digno de mención *acerca* de los ángeles, es atribuible directamente a algo bueno, o noble, o digno de mención de Dios. Su fidelidad en su trabajo no es la excepción.

Los ángeles son fieles en su trabajo porque ven la fidelidad de Dios en *su* obra. Un hombre en la Biblia llamado Etán estaba seguro de esto. Usted puede estarse diciendo: "¿Quién es Etán?" Él no es tan conocido como Daniel, o Juan, o Ezequiel, pero tal vez de todos los seres humanos que se han paseado por la tierra, ninguno ha tenido una mayor percepción de los ángeles que Etán. Daniel, Juan y Ezequiel son las únicas excepciones por sus impresionantes visiones.

Etán el ezraíta se destacó por su sabiduría (1 Reyes 4:31) en los días de Salomón. Probablemente es el mismo Etán que fue nombrado originalmente por David, el padre de Salomón, como uno de los líderes entre los músicos del templo (1 Crónicas 15:19). Parte de su trabajo en las celebraciones en la casa del Señor era "hacer resonar címbalos de bronce". Fue también el autor del Salmo 89, que ya hemos citado. Es el único Salmo que menciona que "Dios es muy temido en la asamblea de los santos". Etán dice también específicamente que la "*fidelidad*" de Dios también es alabada "en la congregación de los santos". Y después de citar la alabanza de los ángeles por esta fidelidad, Etán añade la suya:

> Oh Jehová, Dios de los ejércitos,
> ¿quién como tú? Poderoso eres, Jehová,
> y tu *fidelidad* te rodea. (89:8)

Etán sabía que los ángeles son fieles a nosotros, porque Dios es fiel a nosotros. A lo largo de este libro hemos visto numerosos ejemplos de los ángeles en acción. Desde la guardia del Edén, hasta la alimentación de Elías, la sanidad de los labios pecaminosos de Isaías, la liberación de Pedro de la cárcel, la revelación a Juan de la nueva Jerusalén, y mucho más. Ahora que hemos destacado tanto de su trabajo, vale la pena ahondar en ciertas preguntas.

¿Tengo yo mi propio ángel de la guarda?

¿Hay un ángel particular a quien Dios le dado la tarea de servirme, solamente a *mí*?

Hay mucha gente que piensa así. Los ángeles de la guarda están de moda en los Estados Unidos. "¡PÓNGASE EN CONTACTO CON SU PROPIO ÁNGEL DE LA GUARDA!", proclama a gritos un anuncio a toda página en una de las principales revistas de la nación.

Hace muchos años, antes de que yo fuera ordenado para el ministerio del evangelio, tuve que ser examinado por una junta de ordenación de Haddon Heights, Nueva Jersey. Como pastor, mi padre estaba en el comité de coordinación. Mi madre también había sido invitada a estar en la sala para presenciar el examen. El Comité analizó un documento en el que yo resumía mis creencias doctrinales, y después fui llamado para ser interrogado en todos los diferentes niveles y aspectos de la teología. Cuando llegaron al tema de los ángeles, uno de los miembros del comité me preguntó: "David, ¿crees en los ángeles de la guarda?" Antes de que pudiera responder, mi madre (yo no podía creer que ella hiciera esto) levantó la voz y dijo: "Bueno, si él no cree, yo sí". Cuando ella escuchó esa pregunta, ¡quién sabe cuántas situaciones peligrosas de las cuales escapé por un pelo en los años de mi niñez le vinieron a la mente!

Una de ellas, que recuerdo todavía tan claramente como si hubiera sucedido ayer, ocurrió hace más de sesenta años. Mi tío tenía una granja cerca de Binghamton, Nueva York, donde lo visitaba en el verano. Yo era un chico de la ciudad, y no sabía mucho acerca de granjas, pero aprendí mucho de mi tío. Cierto verano, sentí curiosidad por los inmensos silos que estaban al lado del establo. Eran dos. En ese momento, uno estaba lleno casi hasta el tope con forraje, y el otro estaba vacío todavía, esperando ser llenado. Tuve la idea de subir al silo que estaba lleno. Me deslizaría por la pequeña puerta de metal en la parte superior, y aterrizaría sobre el forraje. Allá arriba podría estar en mi propio pequeño mundo por un rato. Por tanto, subí por la escalera que estaba en la parte de afuera. No sabía sus dimensiones exactas, ¡pero esos silos sí que son *altos*! A medida que uno sube siente que está colgando en medio de la nada. Pisaba muy despacio, tratando de ser cuidadoso. Al llegar arriba, abrí la puerta y metí el pie en la oscuridad. Justo cuando me inclinaba, miré hacia abajo y me di cuenta de un hecho terrible: ¡había subido al silo equivocado! Al que estaba a punto de caer estaba vacío. Allí no había nada, solo me esperaba el fondo.

Creo que eso es lo más cerca que estuve alguna vez de no poder escribir este libro para usted. Me agarré bien con ambas manos, y poco a poco y con mucho cuidado me monté de nuevo en la escalera. Bajé por ella temblando como una hoja. Siempre he creído que un ángel me salvó mientras estuve allí arriba. Ese es uno de los encuentros que vienen a mi mente cuando me preguntan si creo en los ángeles de la guarda. En todo caso, mi madre cree en ellos.

¿Qué dice la Biblia acerca de ellos?

El Salmo 91:11, 12 ofrece una visión general de la protección que dan los ángeles al pueblo de Dios:

> Pues a sus ángeles mandará acerca de ti,
> que te guarden en todos tus caminos.
> En las manos te llevarán,
> para que tu pie no tropiece en piedra.

Pero ese versículo habla de ángeles, en plural. ¿Qué del concepto de *un* ángel particular asignado a mí?

Muchos teólogos a lo largo de los siglos han creído esto, entre ellos Tomás de Aquino, quien pensaba que toda persona tiene un ángel de la guarda que le es asignado cuando nace. Pero ¿qué dice la Biblia? Dos pasajes son los más citados a menudo cuando se trata el tema de los ángeles de la guarda. En el primero, Jesús dice a sus discípulos:

> Mirad que no menospreciéis a uno de estos pequeños; porque os digo que *sus ángeles* en los cielos ven siempre el rostro de mi Padre que está en los cielos. (Mateo 18:10)

A partir de estas palabras, algunos podrían afirmar que hay un número de ángeles asignados y listos delante del Padre para responder de inmediato a su orden de protección y cuidado de estos "pequeños". Jesús los llama "*sus* ángeles". Pero otros podrían señalar que este pasaje no dice que estos ángeles hacen el trabajo de "guardar" a los "pequeños". En realidad, ellos evidentemente están "siempre" en la presencia de Dios. Tampoco el pasaje dice que hay específicamente un ángel para cada "pequeño". De estas palabras, algunos podrían afirmar que un número de los ángeles de Dios están asignados a estar preparados ante el Padre para responder al instante a su comando para la protección y la atención sobre estos "pequeños". Jesús los llama "sus ángeles". Pero otros señalan que el pasaje no dice en realidad que estos ángeles hacen "guarda" de los "pequeños", al parecer, "siempre" se quedan en la presencia de Dios. Tampoco el pasaje coincide con decir específicamente que hay un ángel para cada un pequeño niño.

El segundo pasaje que señalan los partidarios del concepto de ángel de la guarda es Hechos 12, donde Pedro es liberado milagrosamente de la cárcel. Este pasaje es de una las historias bíblicas favoritas de todos.

Pedro estaba parado en medio de la calle. El ángel lo había despertado en su celda, le ordenó que se vistiera, lo sacó pasando por en medio de los guardias, y luego lo llevó al aire de la libertad de esa noche fresca. El ángel desapareció después. Pedro "volvió en sí". Ya superado el aturdimiento, reconoció lo que había hecho el ángel del Señor, y se dirigió a la casa donde algunos de los creyentes estaban reunidos orando.

La escena que le esperaba allí "era de confusión y de gozosa euforia", como la describe un comentarista, y "debió haber causado mucho regocijo cada vez que era repetida entre los primeros creyentes".

> Cuando llamó Pedro a la puerta del patio, salió al escuchar una muchacha llamada Rode, la cual, cuando reconoció la voz de Pedro, de gozo no abrió la puerta, sino que corriendo adentro, dio la nueva de que Pedro estaba a la puerta. Y ellos le dijeron: Estás loca. Pero ella aseguraba que así era. Entonces ellos decían: ¡Es su ángel! Mas Pedro persistía en llamar; y cuando abrieron y le vieron, se quedaron atónitos. (12:13-16)

Los creyentes que estaban orando por Pedro pensaron que se trataba de "su ángel" lo que había visto en la puerta la nerviosa criada. Algunos dirían, sin duda, que se estaban refiriendo a su ángel de la guarda. Pero Roda solo había oído una voz en la puerta. ¿Por qué iba el ángel de la guarda de Pedro a tener una voz como la de Pedro? Lo que los creyentes estaban pensando realmente, dicen algunos, era que Pedro había muerto; y "su ángel" era la manera que tenían ellos de referirse a su espíritu incorpóreo. No es de extrañar, entonces, que tuvieran temor de abrir la puerta.

Aparte de estos pasajes, no hay ninguna otra evidencia bíblica clara en cuanto a ángeles de la guarda *individuales*; por tanto, los alegatos a favor de esta creencia no son muy fuertes. Sin embargo, si esta es una noticia que le decepciona, y le alarma pensar que es posible que no haya ningún ángel específico responsable de su protección, no necesita dar un salto atemorizado para revisar las cerraduras de sus puertas y sus ventanas. Hay abundante evidencia de que Dios mismo cuida de usted, aparte de todos los ángeles que Él decide utilizar para hacer el trabajo. Me encanta lo que dice Calvino en cuanto a esto.

> El que cada creyente tenga o no un ángel asignado para que le defienda, no es algo que me atrevo a afirmar de manera absoluta...Pero tengo esto por seguro, ciertamente, que cada uno de nosotros es cuidado *no solamente por un solo ángel*, sino que todos ellos están de acuerdo en velar por nuestra seguridad.

Luego añade:

> Después de todo, no vale la pena investigar ansiosamente una cuestión que no nos compete demasiado. Si alguien no piensa que es suficiente saber que todos los mandos de las

> huestes celestiales están velando perpetuamente por nuestra seguridad, no entiendo de qué le aprovecha saber que tiene a un ángel como su guarda especial.

Pero hay una cosa que sabemos con certeza: nuestro Dios utiliza su grandioso poder de una manera tierna y compasiva para ayudar a quienes necesitan ayuda. Eso es algo que me gusta de Dios. Yo he sentido su amor y su compasión de muchas maneras, y sé qué Él es esa clase de Dios. Mientras que una parte Él es santo, por la otra se digna preocuparse tanto por nosotros, que hasta enviará a un ángel o a un ejército de ellos para nuestro servicio y protección.

Hay una gran esperanza en eso.

Este es un buen momento para recordarnos a nosotros mismos, una vez más, que los ángeles son seres creados *por Dios*. Él nos ha dicho mucho sobre ellos, pero también se ha guardado mucho. Sin embargo, aunque nos lo dijera todo, aunque supiéramos todo lo que hay que saber en cuanto a los ángeles, la simple verdad sigue siendo que ellos pertenecen a Dios. Son del Señor, y Él puede hacer con ellos lo que desee. No nos pertenecen a nosotros para que podamos controlarlos o utilizarlos. No son nuestros para satisfacer nuestras necesidades físicas o emocionales, y tampoco nuestra curiosidad intelectual.

Los ángeles nos sirven, pero no son nuestros siervos. Solo Dios es su Amo. Lo que ministran para nosotros es por instrucciones de Dios, y no porque nosotros hayamos ordenado o incluso pedido sus servicios.

¿Siguen los ángeles involucrados en la guerra?

Volvamos por un momento al aspecto militar de los ángeles. No puede negarse que una gran parte del trabajo de los ángeles es la guerra. Los ángeles son guerreros, porque Dios también lo es. "*El Señor es un guerrero*; su nombre es el Señor" (Éxodo 15:3). David, el varón conforme al corazón de Dios, nos dice en una canción que Dios "en todo tiempo manifiesta su enojo" (Salmo 7:11). He aquí una imagen que ofrece David de Dios preparándose para su trabajo de cada día:

> ...afilará su espada;
> armado tiene ya su arco, y lo ha preparado.
> Asimismo ha preparado armas de muerte,
> y ha labrado saetas ardientes. (7:12, 13)

El Salmo 78 muestra a Dios en pie de guerra con sus plagas contra Faraón. Este salmo, cuyo autor es Asaf, habla de los ríos de sangre y de la profusión de moscas y ranas; de la peste de saltamontes y langostas; de las tormentas de granizo y escarcha; y de los rayos que devastaron a los egipcios. El Señor "*lanzó contra ellos el ardor de su ira, de su furor, indignación y hostilidad*" (78:49).

En el mismo versículo, Asaf nos dice a quiénes Dios utilizó para este furioso trabajo: "Un ejército de ángeles destructores".

Pero Dios, como el Guerrero Divino, no es solamente un concepto del Antiguo Testamento. Veamos de nuevo la imagen de Cristo que le fue revelada primero a Juan, y después a nosotros por medio de él:

> He aquí, un caballo blanco; el que lo montaba se llama Fiel y Verdadero, y con justicia juzga y hace la guerra... De su boca sale una espada afilada para herir con ella a las naciones... Él pisa el lagar del vino del furor de la ira de Dios Todopoderoso. (19:11-15 LBLA)

Veamos otra vez quienes están con Cristo en esta escena:

> Los *ejércitos celestiales*, vestidos de lino finísimo, blanco y limpio, le seguían en caballos blancos. (19:14)

Sí, Dios es un guerrero, y Él gana todas las batallas. Por eso, los ángeles nunca pierden.

Si esta idea de un Dios Guerrero y de ángeles guerreros le preocupa, si prefiere pensar en la paz, recuerde entonces que la paz que usted tiene es posible solo por la poderosa protección (tanto de los ángeles, como por medio del Espíritu Santo) que le defiende de Satanás y sus huestes de maldad. Es una batalla que se está librando a favor de usted. De no ser así, ¿cuánto tiempo cree usted que pudiera resistir los taques del diablo luchando solo? ¿Pudiera resistir siquiera medio minuto? Y después que haya sido vencido, como seguramente lo sería, honestamente, ¿cuánta misericordia pudiera esperar de este enemigo teniendo en cuenta su carácter y su historia?

¡Gracias a Dios por ser Él un Guerrero!

¿Hace Dios todo su trabajo por medio de ángeles?

En una carta dirigida a Dios, una niñita escribió: "Querido Dios: ¿Tú haces que tus ángeles realicen todo tu trabajo? Mami dice que nosotros somos *sus* ángeles, y tenemos que hacerlo todo". Pienso que la respuesta de Dios sería no; Él no hace que sus ángeles realicen *todo* su trabajo. (Y ellos, tampoco, harán todo el nuestro.)

Dios *pudiera* hacerlo todo Él mismo, sin utilizar jamás a los ángeles, a la naturaleza, a los cristianos, o cualquier otra cosa. También Dios podría utilizar esos agentes para lograr todo lo que Él quisiera, sin limitar en modo alguno su soberanía. Como nos lo recuerda M. J. Erickson: "Dios no está limitado para no poder trabajar directamente con el propósito de lograr sus propósitos".

Dios hace siempre lo que Él quiere hacer, y lo hace de la manera que Él quiere. Puede utilizar un ángel para que este realice algún servicio en cierto momento, quizá dando una palabra de aliento a un extranjero; ayudando a alguien encontrar un objeto que perdió; dando dinero a alguien que lo necesita, y en el momento siguiente utilizar a un cristiano para que haga lo mismo; y en el momento siguiente lograr los mismos propósitos sin utilizar ningún ángel o ningún hombre.

Por consiguiente, si Dios Todopoderoso puede, sin duda, enviar ángeles (o lo que sea) en nuestra ayuda, nunca dejemos entonces de orar pidiendo su auxilio. Recuerde que el ángel Gabriel vino a Daniel específicamente en respuesta a su oración (9:23), aunque Daniel *no* estaba orando para ver o ser servido por un ángel.

Si siento la presencia de un ángel, ¿cómo puedo estar seguro de que fue así?

Cuando Gabriel se le apareció a Daniel, le dijo: "*Presta atención* a mis palabras, para que *entiendas* la visión". Daniel vio y escuchó al ángel, pero aun así se le pidió que pusiera en actividad su energía mental para que considerara todo lo que el ángel le había comunicado. Esto bien pudiera ser, también, la orden de Dios para nosotros en cuanto a los ángeles. Primero, sobre lo que la Escritura dice sobre ellos; y luego, con respecto a nuestra propia experiencia.

"*Presta atención*... y *entiende*..." ¿Qué tan preparado está usted para hacer esto si se encontrara con un ser totalmente espiritual?

La Biblia es clara: debemos "probar los espíritus" (1 Juan 4.1-3), y los ángeles son espíritus. Pablo lo dijo también: "Sométanlo todo a prueba y retengan lo bueno. Apártense de toda clase de mal" (1 Tesalonicenses 5:21, 22 DHH). La mejor prueba para usted es que mantenga a Jesucristo delante de los ojos de su corazón:

> ...Todo espíritu que confiesa que Jesucristo ha venido en carne, es de Dios; y todo espíritu que no confiesa que Jesucristo

> ha venido en carne, no es de Dios; y este es el espíritu del anticristo, el cual vosotros habéis oído que viene, y que ahora ya está en el mundo. (1 Juan 4:2, 3)

Supongamos que, efectivamente, un ángel se le apareciera a usted con un mensaje de parte de Dios. Honestamente, ¿qué lo emocionaría más: el mensaje de Dios, o poder ver el ángel?

En la Escritura encontramos una y otra vez este patrón: a quienes se les da el privilegio de tener un ministerio visible o audible de parte de los ángeles, son aquellos que tienen un corazón para desear tener un encuentro con Dios, no con los ángeles.

Los relatos en los evangelios sobre la resurrección son un buen ejemplo. Las mujeres y los discípulos creyeron el informe de los ángeles sobre la buena noticia de la resurrección de Jesús, pero ni una sola vez alguno de ellos volcó su atención y su enfoque a los ángeles. Nadie se emocionó por haber visto a un ángel. Lo que les emocionó fue lo *dicho* por los ángeles.

Observe lo que hizo María en Juan 20:10-18. Tuvo una conversación bastante calmada con dos ángeles vestidos de blanco, y después volvió la mirada para conversar con alguien que ella pensó que era un hortelano. Pero resultó ser Jesús mismo. Cuando ella regresó donde estaban los discípulos, no dijo: "He visto ángeles", sino "He visto al Señor". Su corazón era recto, y por eso Dios le permitió que viera ángeles.

Como una nota adicional en cuanto al trabajo de los ángeles, *ocupémonos* de un par de preguntas que causan perplejidad, y que surgen a menudo debido a dos pasajes extraños de la Biblia.

¿Pueden engañarnos alguna vez los ángeles de Dios?

Ya señalamos anteriormente que el rey Acab murió en su ensangrentado carro de combate en el campo de batalla, después de no prestar atención a la visión dada por un ángel que le fue comunicada por el profeta Micaías. El profeta le dijo que había visto al Señor "sentado en su trono con todo el ejército del cielo alrededor de él, a su derecha y a su izquierda" (1 Reyes 22:19; 2 Crónicas 18:18), y que estos ángeles y Dios estaban hablando del desastre y de la muerte que vendrían pronto a Acab si entraba en batalla contra Siria. Lo que el profeta no mencionó antes, es que cuatrocientos otros profetas en torno a Acab no estaban de acuerdo con lo dicho por Micaías. Estos otros profetas le dijeron a Acab que *debía* ir a la batalla, porque con toda seguridad resultaría victorioso.

Micaías dijo a Acab que estos otros profetas eran unos mentirosos. Además, le dijo también que sus mentiras habían sido permitidas por la soberanía de Dios, e incluso por la influencia de uno de los seres espirituales que conversaban en torno al trono de Dios. ¿Realmente le dijo Dios a un ángel que hiciera tal engaño?

Escuchemos ahora esa conversación en el cielo que Micaías le cuenta a Acab:

> Y Jehová dijo: ¿Quién inducirá a Acab, para que suba y caiga en Ramot de Galaad? Y uno decía de una manera, y otro decía de otra. Y salió un *espíritu* y se puso delante de Jehová, y dijo: Yo le induciré. Y Jehová le dijo: ¿De qué manera? El dijo: Yo saldré, y seré *espíritu de mentira* en boca de todos sus profetas. Y él dijo: Le inducirás, y aun lo conseguirás; ve, pues, y hazlo así. (1 Reyes 22:20-22; 2 Crónicas 18:19-21)

"Y ahora", dice Micaías a Acab, "he aquí Jehová ha puesto espíritu de mentira en la boca de todos tus profetas, y Jehová ha decretado el mal acerca de ti".

Podríamos preguntarnos: "¿Cómo era posible que un ángel se rebajara a una cosa así? ¿Cómo podía Dios ser parte de eso? ¿No era eso injusto para con Acab, a pesar de lo tirano e idólatra que era? ¿Los ángeles se valen de estas tretas todo el tiempo?

Pero antes de precipitarse a sacer conclusiones inquietantes, recuerde primero que a Acab le fue dicho *todo* y que él se entera de esto *antes* de ir a la batalla, no después, cuando sería demasiado tarde para hacer algo al respecto. Cuando Acab murió en su carro ensangrentado al anochecer, no era la víctima del engaño de un ángel, sino la víctima de su propia insensatez al no hacer caso a lo que Dios le había revelado.

De hecho, la terrible visión del cielo pudo bien haber sido la manera misericordiosa de Dios de utilizar cualquier medio para captar la atención de Acab, de modo que este diera un vuelco. Dios no le ocultó nada. Sin embargo, solamente Acab podía elegir la manera de responder. Y eligió mal.

Sabemos que Dios es perfectamente bueno, veraz y santo. Una y otra vez escuchamos en la Escritura que Él odia el mal en todas sus formas (Salmo 11:5; Proverbios 6:16-19; 17:15; Isaías 61:8; Jeremías 44:2-4; Zacarías 8:17; Malaquías 2:16). El carácter de Dios es ratificado en una oración del profeta Habacuc: "Tú eres demasiado puro para consentir el mal, *para contemplar con agrado la iniquidad*" (1:13).

Es posible que el "espíritu de mentira" enviado a los cuatrocientos profetas haya sido un demonio o el diablo mismo, como aquella situación parecida, en la que Satanás se presentó delante de Dios con el fin de pedirle permiso para afligir a Job. Pero sea cual fuere la identidad del espíritu al que se refirió Micaías, sabemos que nada de lo que Dios haya sido responsable en la vida de Acab pudo haber sido malo, ni tampoco que los ángeles fueron responsables de algún mal en esa situación. Y porque Dios nunca cambia, Él y sus servidores, los ángeles, tampoco pueden jamás ser responsables del mal en nuestras vidas.

¿Contrajeron matrimonio ángeles con seres humanos?

Esta segunda pregunta que nos causa perplejidad surge de Génesis 6. Antes del comienzo de la historia de la misericordia de Dios al salvar a Noé del diluvio, leemos esto:

> ...cuando los hombres comenzaron a multiplicarse sobre la faz de la tierra, y les nacieron hijas, *los hijos de Dios* vieron que las hijas de los hombres eran hermosas, y tomaron para sí mujeres de entre todas las que les gustaban... en aquellos días, y también después, cuando *los hijos de Dios* se unieron a las hijas de los hombres y ellas les dieron a luz *hijos*. (6:1-4 LBLA)

¿Quiénes eran estos "hijos de Dios"? Puesto que la palabra hebrea aquí es la misma utilizada para referirse a ángeles en los primeros capítulos de Job, algunos han pensado que el pasaje de Génesis es un caso de ángeles (quizá ángeles caídos) que se casaron con seres humanos. Las palabras de Jesús de que los ángeles del cielo no se casan (Mateo 22:30; Marcos 12:25), puede descartar esa interpretación.

Otra interpretación sugerida es que "los hijos de Dios" aquí representaban a los descendientes más piadosos de Adán (por medio de su hijo Set), que se casaron con miembros de la pecaminosa descendencia de Caín.

Otra exégesis posible es que en Génesis 6 vemos simplemente una manera poética de referirse a cómo fue la creación original de la humanidad. Dios formó a Adán (un "hijo de Dios") del polvo de la tierra, y tomó una costilla del hombre para formar a Eva (una "hija del hombre").

Así pues, cuando Génesis 6 dice que los "hijos de Dios" se casan con las "hijas de los hombres", podría estar dando a entender, simplemente, que hombres se están casando con mujeres.

Queda trabajo por hacer

Los ángeles existen por una razón, con un propósito: Dios los hizo servidores. Tienen trabajo que hacer, y siempre lo tendrán. El hecho de que existan tantos ángeles —y de que existan por toda la eternidad— nos ayuda a dirigir nuestra atención a la imagen de que nuestro cielo eterno es un lugar con mucha actividad, un lugar y dinámico y pleno de energía donde hay mucha acción, y donde Dios mismo marca el ritmo.

Cuando el escritor de Hebreos dirige nuestra atención a la eternidad como si ya estuviéramos allí, dice: "Ustedes se han acercado... a la Jerusalén celestial, la ciudad del Dios *viviente*" (12:22). Dios está *vivo* allí, no es una figura de cera en un museo, o un abuelo de edad avanzada consumiéndose en un ancianato. Es alguien fuerte, el cielo está organizado a *su* manera, y los ángeles lo saben. Es por eso que se mantienen tan ocupados.

Cuando lleguemos allá, imagino que no seríamos capaces de mantenernos a la altura de los ángeles de no ser por el hecho de que recibiremos nuevos cuerpos espirituales y capacidades como las de ellos. A nosotros nos espera mucho trabajo grato y emocionante en el otro lado. Pero, por ahora, aprendamos todo lo que podamos del equipo que ya está haciendo su trabajo aquí. Lo que hacen nuestros fieles amigos, los ángeles, pongámoslo en práctica aquí y ahora.

Capítulo 12

Vienen para llevarme al cielo

LAS PERSONAS MUEREN. Por sesenta años al tiempo presente, he ministrado a quienes han estado en el lecho de muerte. He estado con ellos en el proceso, y en la habitación después que ha ocurrido su muerte. He visto a sus seres amados llorar su pérdida, tratando de retener a un cuerpo en el que ya no hay ninguna vida. Pero con el paso del tiempo he aprendido más acerca de lo que sucede realmente en este proceso, entre ver a estas personas aferrándose a la vida en un minuto, para verlas después sin nada de vida en el siguiente.

He llegado a creer, por la Biblia, que los ángeles llevan al hogar celestial a los creyentes cuando morimos. Pero tengo que decirle honestamente que pasó mucho tiempo antes de que estuviera realmente convencido de eso. Siempre me había intrigado este asunto. Pero ahora entiendo que hay una poderosa justificación para creerlo.

Una vez prediqué el mensaje de este capítulo en el funeral de la madre de un miembro del personal de nuestro ministerio. La señora Huntsman tenía noventa y cinco años de edad; le sobrevivía su esposo. Durante el servicio, hablé de lo que sucede cuando un creyente muere, y de cómo vienen los ángeles a llevarse a esa persona.

Después del servicio, me dirigí a donde estaba el señor Huntsman para confortarlo y decirle que estaría orando por él. Cuando me incliné para hablarle, él respondió con una voz tan falta que podía oírse en toda la capilla (al parecer, había apagado su audífono). "¡Oh, pastor Jeremías", dijo, "esa es la parte de los ángeles que tanto me gusta!" ¡Cómo me encanta que los ángeles hayan venido a buscar a Gladys!" Me alegré de que eso fuera un consuelo para él, y quisiera haberlo entendido antes para poder ofrecer ese consuelo también a otros. La pérdida de un amigo o de un miembro de la familia puede constituir la tristeza más grande que experimenten los hijos de Dios en la tierra. En su dolor, el salmista clamó a Dios: "Me has quitado amigos y seres queridos; ahora solo tengo amistad con las tinieblas" (Salmo 88:18). Pero las Escrituras nos ofrecen esperanza en esos momentos de tristeza.

Antes de estudiar más detenidamente qué tienen que ver los ángeles con nuestra muerte, echemos un vistazo a la muerte misma.

¿Qué es la muerte?

La palabra *muerte* significa "separación". En el Nuevo Testamento es la palabra griega *thanatos*. La muerte física es la separación del espíritu y del alma del cuerpo. Seremos entonces más como los ángeles, porque habremos perdido la parte de nosotros que no tienen ellos, nuestros cuerpos físicos. Después de la muerte, ya no existiremos en las dimensiones física y espiritual, sino solamente en la espiritual.

Después que una persona muere, su cuerpo es solo un cadáver, "el cuerpo sin el espíritu está muerto" (Santiago 2:26). El cuerpo de la persona solo se descompondrá; pero su espíritu y su alma se marcharán para estar para siempre con Dios, o eternamente separados de Él. Dios da un gran valor a la muerte del creyente. "Estimada a los ojos del Señor es la muerte de sus santos" (Salmo 116:15). En su visión, Juan escuchó decir esta preciosidad desde el cielo mismo:

> Oí una voz que desde el cielo me decía: Escribe: Bienaventurados de aquí en adelante los muertos que mueren en el Señor. Sí, dice el Espíritu, descansarán de sus trabajos, porque sus obras con ellos siguen. (Apocalipsis 14:13)

Los cristianos que crecen en su relación con Dios entienden esta bienaventuranza de la muerte. Cuando estudiaba en el Seminario de Dallas, comencé mi trabajo en el ministerio como capellán interno del Hospital Baylor. Iba con frecuencia con el capellán principal al salón de las familias para ayudar a las personas a enfrentar el hecho de la muerte. Algunas veces tuve que ir sin compañía, cuando estaba de guardia solo. En esas ocasiones iba donde estaba la familia, y después de dos o tres minutos sabía si estaba tratando con cristianos o no. Era increíble. La muerte para un creyente es difícil y representa un desafío; y es algo con lo que nadie quiere lidiar. Pero no es para desesperarse. No es el fin.

No mucho después de mi batalla con el cáncer, un hombre de treinta y cuatro años de edad de mi iglesia murió de esa enfermedad, y prediqué en su funeral. Tengo que confesar que hacer eso fue muy duro para mí, después de haber yo tenido cáncer. El cáncer había destruido su cuerpo en poco tiempo. Antes de que muriera, lo visité en su casa. Su esposa estaba allí, y también su joven hijo. Nos sentamos juntos en la sala de estar. Él habló de ir al cielo como si estuviera hablando de ir al supermercado. Eso me impactó. Le dijo a su pequeño niño: "Y cuando llegue allá, esto es lo que va a suceder. Te echaré mucho de menos, ¡pero piensa nomás en lo que Papi va a estar haciendo!"

Nunca antes había visto algo así. Era otra indicación para mí de que los cristianos mueren de una manera diferente. Eso es indudable. La manera como los creyentes enfrentan la muerte es una de las evidencias más poderosas de la realidad de nuestra fe.

Ángeles para nuestro viaje final

Entonces, ¿dónde entran los ángeles? La Biblia nos habla de su consolador y especial servicio a nosotros en el momento de nuestra muerte.

Nuestro Señor cuenta en Lucas 16 una fascinante historia sobre dos hombres totalmente diferentes. Jesús comenzó su historia de cierta manera para destacar el contraste:

> Había un hombre rico que se vestía lujosamente y daba espléndidos banquetes todos los días. A la puerta de su casa se tendía un mendigo llamado Lázaro, que estaba cubierto de llagas y que hubiera querido llenarse el estómago con lo que caía de la mesa del rico. Hasta los perros se acercaban y le lamían las llagas. Resulta que murió el mendigo, y los ángeles se lo llevaron para que estuviera al lado de Abraham. También murió el rico, y lo sepultaron. En el infierno, en medio de sus tormentos.

Solo una puerta separaba a estos dos hombres. Lázaro mendigaba afuera, y el rico vivía espléndidamente adentro. Pero Lázaro conocía a Dios, no así el rico.

Note especialmente el contraste en lo que sucedió después de sus muertes. "Murió el rico, y lo sepultaron". Y punto. Después lo vemos en el infierno. Pero cuando Lázaro murió, "*los ángeles* se lo llevaron para que estuviera al lado de Abraham". (El "lado de Abraham" era una imagen en la mente judía de la celebración y el gozo que tendremos en la eternidad.) Durante su vida, el mendigo tuvo como acompañantes a los perros que le lamían, pero en su muerte los ángeles tuvieron la honra de llevarlo al cielo. Y no solo estuvieron *con* él; "lo *llevaron*". Lázaro era considerado una de las personas de más baja condición en esta vida, pero eso no lo descalificó para que un ángel lo escoltara a la puerta de la eternidad. Al humilde Lázaro le fue dado este privilegio, y lo mismo al parecer sucedió con el más grande los hombres, el Hijo del Hombre mismo.

La Biblia da a entender que Jesús pudo haber sido llevado por los ángeles al cielo en el día de su ascensión. En Marcos 16:19 leemos que "fue llevado al cielo". Lucas escribe que mientras Jesús "bendecía" a sus discípulos, se alejó de ellos "y fue *llevado al cielo*" (24:51). Basándose en una respetada traducción alterna del texto griego, la Biblia Reina-Valera traduce la frase de esta manera: "Y aconteció que bendiciéndolos se separó de ellos y fue *llevado arriba* al cielo". En Hechos 1:9, leemos: "Y habiendo dicho esto, fue *alzado*, y le recibió una nube que le ocultó de sus ojos". Ángeles pudieron haber tenido este privilegio de llevar arriba a Jesús, en su viaje de regreso al hogar celestial.

¿Por qué vienen ángeles a darnos este servicio en el momento de nuestras muertes?

Una razón puede estar relacionada con el hecho de que Satanás es descrito como el "príncipe de la potestad del aire" (Efesios 2:2). Quizá tenemos que cruzar esta "potestad [o reino] del aire" al ir de la tierra al cielo. Nuestra morada temporal aquí, y nuestro hogar permanente en el cielo, pueden estar separados por una inmensa extensión de territorio enemigo. Es un viaje que los ángeles tienen que hacer a menudo, por lo que será un gran alivio tenerlos a nuestro lado cuando tengamos nosotros que recorrerlo. En *Somewhere Angels* (Ángeles en algún lugar), Larry Libby da a los niños otra razón:

> Dios quiere tanto tenerte en el cielo con Él, que enviará a su propio ángel para encontrarse contigo. Y no te sorprendas si el ángel está sonriendo de oreja a oreja.

Capítulo 13

Los Ángeles del Infierno

USTED HA HECHO alguna vez un *quiz* de lo opuesto, no es verdad? Yo digo "pequeño", y si usted está bien de la mente (por lo menos en ese momento) se supone que responderá rápidamente "grande". Yo digo la palabra "*oscuridad*", y usted responde "*luz*". Si digo "*suave*", usted responde "*duro*". Y si digo "*bueno*", usted dice "*malo*".

¿Y si digo... "Dios"?

Si usted responde "Satanás", está equivocado, o tal vez mal informado... o quizá un poco demente el día de hoy.

Satanás no es lo opuesto a Dios. No puede ser lo contrario a Dios, porque Satanás fue creado por Dios. Nadie es la contraparte de Dios. Sin embargo, ¿no es interesante cómo Satanás nos ha engañado para que creamos que Él es igual a Dios en poder e importancia?

Vamos a ocuparnos ahora de aquello que prometí páginas atrás. Nos enfocaremos por un tiempo en los ángeles caídos: Satanás y los demonios que lo siguen.

Cuando prediqué una serie de sermones sobre los ángeles en nuestra iglesia, los mensajes sobre el diablo y sus ángeles caídos fueron los que más captaron la atención. Yo nunca habría imaginado que sería así. Pensaba que esos mensajes simplemente serían unas digresiones sobre factores negativos necesarios, para podernos enfocar en las cosas positivas en cuanto a los ángeles. Pero hubo más interés en estos mensajes que en todos los demás presentados. Por eso, sé que usted siente curiosidad por saber más sobre este tema, porque siempre es una buena estrategia conocer al enemigo. "No ignoramos sus artimañas" (2 Corintios 2:11), dice Pablo. Por consiguiente, él podía hacer planes "para que Satanás no gane ventaja alguna sobre nosotros". No queremos ser inconscientes de sus tramas y sus maniobras, aunque en este libro solamente podemos ocuparnos de los aspectos más destacados.

Por otro lado, queremos evitar la preocupación con el diablo que parece dominar a algunas personas. Satanás no es un centro de atención en mi vida, y no pienso que no debiese serlo para ningún cristiano. No es que debemos ignorarlo o subestimarlo; pero usted no puede enfocarse en las dos cosas al mismo tiempo. Si yo estoy siempre preocupado por Satanás, no tendré tiempo para adorar a Dios. Como solía decir Amy Carmichael: "Canto la doxología, y le digo adiós a Satanás".

Tengo la esperanza de que todo lo que hemos estudiado ya sobre los ángeles le ayudará a ver este tema en perspectiva. Satanás y los ángeles caídos que lo siguen fueron creados para participar de los mismos privilegios espléndidos que disfrutan los ángeles buenos que hemos visto. Toda esa gloriosa existencia debería, también, haber sido para la delicia de Satanás. ¡Cuán profundamente cierto es nuestro juicio del camino que escogió!: "¡Cómo caíste...! (Isaías 14:12).

Los eruditos de la Biblia señalan particularmente dos pasajes del Antiguo Testamento que parecen indicar la historia de la caída de Satanás. En Ezequiel 28 encontramos especialmente indicios del estado original de Satanás que lo llevó a su caída, mientras que Isaías 14 parece enfocarse en la rebelión interior que la causó. Ambos pasajes tienen aplicación directa a gobernantes terrenales distintos de Satanás: Ezequiel está escribiendo "una elegía sobre *el rey de Tiro*" (28:12), mientras que Isaías comienza sus palabras como una "burla contra *el rey de Babilonia*". Pero las alusiones en Satanás en cada uno son fuertes, lo cual hace más significativos a ambos pasajes.

He aquí una buena manera de ver estos pasajes. *Ambos* aluden a los reyes terrenales mencionados *y* a Satanás, de la misma manera que algunos de los pasajes mesiánicos apuntan tanto a los reyes davídicos de Israel como a Cristo. Esos pasajes se cumplen en más de un nivel.

Satanás antes

Antes de considerar las situaciones que describen estos dos profetas, comencemos con un declaración clave de Jesús. Él dijo a los judíos que Satanás "ha sido homicida *desde el principio, y no ha permanecido en la verdad*" (Juan 8:44). Aquí vemos que el estado caído de Satanás se remonta por lo menos a antes de nuestra historia humana conocida. Esto es reiterado en 1 Juan 3:8, donde leemos que "el diablo ha estado pecando *desde el principio*". Pero la frase "no ha permanecido en la verdad" en Juan 8:44 parece implicar que Satanás *podía* haber permanecido en la verdad, pero no la vivió; o *una vez* lo hizo, mas ya no.

Veamos ahora Ezequiel 28, un pasaje rico en misterio. En los primeros versículos de este capítulo, Ezequiel pronuncia juicio contra el rey de Tiro. Pero después del v. 11, las descripciones del profeta son difíciles, incluso imposible, de asignarlas a cualquier ser humano. Más bien, parece ir más allá del gobernante humano de Tiro, y hablar del poder verdadero detrás del trono, el "rey", Satanás mismo. Ezequiel está citando una descripción dada a él por "el Señor omnipotente" (28:12). No está describiendo lo que él, el profeta, ha visto, sino lo que Dios mismo le ha comunicado. El pasaje está dirigido directamente a este "rey de Tiro". Los primeros siete versículos reflejan claramente el pasado de Satanás. Le recuerda que una vez fue "elegido *querubín protector, porque yo así lo dispuse*", dice Dios. Este querubín protector era perfecto. "Eras *un modelo de perfección*, lleno de sabiduría y de hermosura perfecta" (28:12). Era perfecto en inteligencia y perfecto en su aspecto.

Pero el querubín protector no tenía luz propia; todo lo que lo adornaba le había sido dado por su Creador para que reflejara la gloria de Dios:

> Estabas... adornado *con toda clase de piedras preciosas*:
> rubí, crisólito, jade, topacio, cornalina, jaspe,
> zafiro granate y esmeralda.
> Tus joyas y encajes estaban *cubiertos de oro,*
> y especialmente preparados para ti
> desde el día en que fuiste creado. (28:13 NVI)

También descubrimos dónde colocó Dios a este querubín protector:

> Estabas en el *Edén*, en *el jardín de Dios*...
> Estabas en el *santo monte de Dios*,
> y caminabas sobre piedras de fuego. (28:13, 14 NVI)

Satanás después

En el versículo que sigue volvemos al tema de la perfección del querubín, y de repente observamos que esa perfección se viene abajo.

> Perfecto eras en todos tus caminos desde el día en que fuiste creado, hasta que *se halló en ti maldad*. (28:15)

Los versículos que siguen especifican esa maldad, acusando al querubín protector de violencia, y especialmente de orgullo, lo cual llevó a su expulsión de la presencia de Dios. Satanás lo tenía todo, pero quería más.

> Por la abundancia de tu comercio,
> te llenaste de violencia, y pecaste.
> Por eso *te expulsé del monte de Dios,*
> como a un objeto profano.
> *A ti, querubín protector,*
> te borré de entre las piedras de fuego.
> A causa de tu hermosura
> te llenaste de orgullo.
> A causa de tu esplendor,
> corrompiste tu sabiduría.
> Por eso *te arrojé por tierra,*
> y delante de los reyes
> te expuse al ridículo.
> Has profanado tus santuarios,
> por la gran cantidad de tus pecados,
> ¡por tu comercio corrupto!
> (28:16-18 NVI)

Quizá las frases de esta profecía contra "el rey de Tiro" se refieren a un futuro lejano, una profecía del final de Satanás, cuando sea arrojado al lago de fuego (Apocalipsis 20:10) y desaparezca para siempre de la vista de los hombres y los ángeles.

> ...*yo, pues, saqué fuego de en medio de ti, el cual te consumió*, y *te puse en ceniza* sobre la tierra a los ojos de todos los que te miran. Todos los que te conocieron de entre los pueblos se

> maravillarán sobre ti; *espanto serás, y para siempre dejarás de ser.* (28:18, 19)

Como un atisbo de Satanás, lo cual parece ser una interpretación posible, este pasaje es claro al decir que él no fue creado malo. Como dice Juan Calvino: "Todo lo condenable en Satanás se lo acarreó él mismo por su rebelión y su caída". Todas las cosas en la naturaleza original fueron creadas buenas, incluyendo a Satanás. Pero Satanás eligió seguir su propia voluntad en vez de obedecer a Dios, y por eso "corrompió" su "sabiduría" (Ezequiel 28:17). Satanás no habla ya el lenguaje de Dios, sino el suyo propio, como nos dice Jesús: "Cuando habla mentira, *de suyo habla*; porque es mentiroso, y padre de mentira" (Juan 8:44).

La rebelión interior de Satanás

Isaías 14 examina con mayor detenimiento la naturaleza de la rebelión de Satanás. El pasaje comienza de esta manera: "¡Oh *lucero de la mañana*!" (14:12). O, como dice la traducción Biblia del Jubileo: "¡Oh *Lucifer*, hijo de la mañana!" ("Lucifer" se deriva de un término que significa "portador de luz", que fue utilizado en las traducciones al latín de este versículo; vamos a continuar utilizando aquí este nombre tradicional.) Este ser brillante que se menciona aquí es el Satanás de "antes". Pero ahora, esta "burla" (14:4) dirigida a Lucifer comienza así:

> ¡Cómo *has caído del cielo*...!
> Tú, que sometías a las naciones, has caído por tierra.
> (14:12 NVI)

Lo que viene después es la declaración de independencia de Lucifer. Observe las cinco pretensiones que tiene en su corazón, cinco promesas que se hace Lucifer a sí mismo, cada una está en primera persona: *yo*.

> *Subiré* al cielo,
> por encima de las estrellas de Dios *levantaré* mi trono,
> y *me sentaré* en el monte de la asamblea,
> en el extremo norte.
> *Subiré* sobre las alturas de las nubes,
> *me haré* semejante al Altísimo.
> (14:13, 14 LBLA)

En primer lugar, Lucifer quería tener el *lugar* de Dios. Dijo: "Subiré *al cielo*", refiriéndose evidentemente al cielo más alto y más santo donde solamente Dios habita, un lugar aún más alto que aquel donde moran los ángeles. (Recuerde que Pablo habla en 2 Corintios de tres cielos.) Lucifer quería reemplazar a Dios en el pináculo de todo. Quería ser "levantado por encima de las estrellas de Dios" y "subir a la cresta de las nubes más altas".

En segundo lugar, Lucifer quería tener la *posición* y la *autoridad* de Dios. Dijo: "*Por encima de las estrellas de Dios levantaré mi trono*", y "me *sentaré* ["seré entronizado] en el monte de la asamblea". Aquí, las "estrellas" y la "asamblea" probablemente son referencias a los otros ángeles. Lucifer quería tener prominencia y poder exclusivos sobre todos ellos.

En tercer lugar, Lucifer estaba resuelto a ser *igual* a Dios. "Me haré semejante al Altísimo". Quería tener los privilegios de Dios, su independencia, y ser objeto de la adoración que Él recibía.

¡Qué increíblemente diferente de Dios era en esto! Basta con ver el absoluto contraste entre las palabras de Lucifer y la actitud de Cristo: "quien, *siendo por naturaleza Dios*, no consideró el ser igual a Dios como algo a qué aferrarse. Por el contrario, *se rebajó voluntariamente,* tomando la naturaleza de siervo y haciéndose semejante a los seres humanos" (Filipenses 2:6, 7).

El mayor pecado de Lucifer fue el orgullo. Y después del orgullo viene la destrucción, como dice Isaías:

> ¡Pero has sido arrojado al sepulcro,
> a lo más profundo de la fosa!
> (14:15 NVI)

El orgullo de Satanás convirtió a un ángel en un diablo. El orgullo que surgió en él le acarreó la maldición de Dios. El diablo se convirtió en el enemigo jurado de la humanidad. ¿Podía haber sido otra la historia de Satanás? ¿Cómo pudo acarrearse tal ruina alguien que era "un modelo de perfección"? Sabemos que la respuesta es el orgullo. Pero ¿cuando Dios creó a Lucifer, no sabía Él que el orgullo se apoderaría del corazón de este ángel? Tenemos que concluir que sí; puesto que Dios es omnisciente, tenía que haber sabido eso.

Pero ¿podía Dios haberlo evitado?

Sí, porque Dios es todopoderoso. El podía, sin duda, haber evitado la caída de Satanás. Entonces, ¿por qué no lo hizo?

La respuesta parece encontrarse en el misterio de que Satanás fue creado con la libertad de elegir su camino, al igual que nosotros. Pero Lucifer utilizó su regalo contra el Dador. Y Dios "respetó" su decisión, así como respeta la nuestra.

Lecciones de la caída de Satanás

¿Qué podemos aprender de la caída de Satanás?

En primer lugar, reconocer el poder del orgullo. No creo que haya ninguna otra tentación que enfrentemos con más frecuencia o más persistencia, o que nos atraiga con más sutileza, que la tentación del orgullo. Oí esto en cuanto a ella: "El diablo duerme como un animal bajo la sombra de la buenas obras, esperando que desarrollemos una admiración secreta por nosotros mismos".

¿Qué tanto se está usted admirando secretamente en estos días? Sin duda, es más como Satanás en esos momentos que cuando está cometiendo cualquier otro pecado en el que se pueda pensar.

El plan de Satanás es la estrategia del orgullo. Es el método que ha utilizado a través de la historia, y que sigue usando hoy. Supongo que no ha tenido una nueva idea desde el día que comenzó; simplemente se mantiene reestructurando la vieja estrategia una y otra vez. Y la gente sigue cayendo en la trampa, porque su método *funciona*. Porque nosotros estamos dispuestos a halagarnos a nosotros mismos y también a recibir el halago de los demás.

Pero Dios "resiste a los soberbios" (Santiago 4:6; 1 Pedro 5:5). Si Él resistió totalmente y con tanta rapidez a un ángel perfecto y glorioso que se llenó de orgullo, el Señor puede, sin duda, ponernos freno al resto de nosotros también. ¿Qué tanto de nuestra falta de efectividad espiritual está relacionado directamente con el orgullo?

La actividad satánica en su forma más cruda y engañosa está presente aun entre el pueblo de Dios. Satanás es el "enemigo" que viene y siembra cizaña en medio del trigo (Mateo 13:24-30). Las pretensiones de grandeza de Satanás siguen presentes en nuestras congregaciones. Son como un virus, pequeños focos de virus de orgullo y descontento que se convierten en focos de poder que crecen como el cáncer.

Satanás acabará con una iglesia de cualquier manera que pueda, y el orgullo ha demostrado ser la manera más segura y más rápida de hacerlo.

En segundo *lugar*, manténgase en guardia contra los propósitos y los planes de Satanás. Después de él mismo haber caído, Satanás fue al Edén para ocasionar la caída de la humanidad. Así como condujo a Adán y Eva a una tragedia indecible por medio de sus tentadoras habilidades, sigue poniendo en práctica su engañoso programa contra los ángeles y la humanidad. Quiere destruirnos y convertirnos en inútiles para el reino de Dios. Está en una misión que utiliza todos los recursos de que dispone para poblar al infierno con los cristianos, incluyendo a todos nuestros amigos, vecinos y familiares que no han recibido todavía a Cristo. Quiere llevarse consigo al infierno al mayor número de personas "buenas" que pueda —si dejamos que lo haga. Se deleita cuando aquellos que siguen rechazando a Cristo como Salvador siguen estando firmemente bajo su poder, porque no oramos por ellos ni les testificamos de Cristo.

La herencia de Satanás está en todas partes. Cada pecador y cada pecado es un punto a su favor. "El que practica el pecado es *del diablo*" (1 Juan 3:8). Jesús lo llama no solamente "mentiroso", sino también "el *padre* de la mentira", porque toda mentira, en última instancia, proviene de su boca. Es por esto que en el mismo versículo, Jesús dice a sus incrédulos oyentes: "Vosotros sois de *vuestro padre* el diablo". El pecado es la imagen de Satanás en quienes no han nacido de nuevo como hijos de Dios. Todos nosotros estamos creciendo, bien sea a la imagen de Dios, o bien a la imagen del diablo.

No podemos darnos el lujo de estar dormidos frente a la estrategia y las tácticas de Satanás. Observe cómo lo que nos dice la Escritura en cuanto a sus estratagemas y su carácter hace que de inmediato queramos mantenernos alerta. Note exactamente lo que estos pasajes dicen que *hace* Satanás: "Vuestro adversario, el diablo, anda *al acecho* como león rugiente, *buscando a quien devorar*" (1 Pedro 5:8 LBLA).

Es "un hombre fuerte" que "está bien armado y *cuida* su casa" y "lo que en ella guarda está seguro" (Lucas 11:21). Es el "príncipe de la potestad del aire, el espíritu que *ahora opera* en los hijos de desobediencia" (Efesios 2:2). Es "el dios de este mundo" que "ha *cegado* el entendimiento de los incrédulos" (2 Corintios 4:4).

"Él ha sido *homicida* desde el principio, y no ha permanecido en la verdad, porque no hay verdad en él. Cuando *habla mentira*, de suyo habla; porque es *mentiroso*, y padre de mentira" (Juan 8:44).

Tiene al mundo en su puño. "Sabemos que… el mundo entero está *bajo el control* del maligno" (1 Juan 5:19).

Y lo más irritante de todo, es que este engañador acechador, rugiente, hambriento, fuerte, codicioso, activo, cegador, homicida y controlador, realmente "se disfraza como ángel de *luz*" (2 Corintios 11:14).

"El propósito de estas descripciones", escribe Calvino, "es para que seamos más cautelosos y vigilantes, y estemos más preparados para la lucha… Por lo tanto, que este sea el uso que demos a estas advertencias". Incluso, sus nombres de por sí indican problemas. La palabra *Satanás* significa "acusador". *Diablo* quiere decir "difamador". Es llamado también "dragón, la serpiente antigua" (Apocalipsis 20:2), y "el tentador" (Mateo 4:3; 1 Tesalonicenses 3:5). Sus títulos son "Beelzebú" (Mateo 10:25), que significa "señor de las moscas", y "Belial" (2 Corintios 6:15), que quiere decir "indigno" o "impío".

Satanás no está a la atura de Dios, pero es su enemigo jurado. Su estrategia con Eva en el Edén fue desacreditar a Dios, y este sigue siendo su método hoy. ¿Realmente le importan a usted el honor y la gloria de Dios? ¿Se siente identificado con el reino de Dios? Entonces, el enemigo de Dios tiene que ser también el enemigo suyo.

Si el nombre de *cristiano* significa algo para usted, su única opción es resistir al enemigo de Cristo, porque "para esto apareció el Hijo de Dios, para deshacer las obras del diablo" (1 Juan 3:8). Jesús lo llama "príncipe de este mundo" (Juan 12:31, pero añade: "Él no tiene ningún dominio sobre mí" (14:30). "El príncipe de este mundo *ya ha sido juzgado*" (16:11). Por medio de su muerte y su resurrección, Cristo ya ha asegurado la derrota de Satanás. La guerra ha sido ganada. Pero aún no se han librado todas las batallas.

¿Aceptará usted el privilegio de ser un soldado en estas victorias? Esto nos lleva a la tercera lección: No olvide la supremacía y la preeminencia de Dios. Satanás no se salió con la suya con su orgullo. Y tampoco se está saliendo con la suya ahora. Es libre en la tierra para hacer daño solo hasta donde se lo permite su cadena, porque Dios mismo lo ha encadenado. El diablo no puede ir más allá del permiso de Dios. No puede hacer nada sin la voluntad y la autorización de Dios.

Esto, sin duda, es un misterio. Calvino comentó en cuanto al objetivo y a las opciones de Satanás:

> Él se opone afanosamente y con toda intención a Dios, apuntando a las cosas que considera más contrarias a la voluntad del Señor. *Pero ya que Dios lo tiene limitado y atado por el control de su poder*, Satanás realiza solo las cosas que se la ha dado permiso que haga; por tanto, aunque no quiera hacerlo, obedece a su Creador, viéndose obligado… a servirle.

En la Escritura vemos esto no solamente en el doloroso relato sobre Job, en el que Satanás fue capaz de vapulear al hombre solo después de que Dios le dijo: "Está en tu mano" (1:12; 2:6), sino también en otras partes. Por ejemplo, un espíritu maligno atormentaba al rey Saúl, pero es llamado "un espíritu malo *de parte de Jehová*" (1 Samuel 16:14; 19:9), porque Dios lo permitió.

Hasta Pablo enfrentó esto. "Un mensajero de Satanás" venía a atormentarlo (2 Corintios 12:7), pero Pablo tenía una profunda comprensión de la perspectiva de Dios. No luchó contra Satanás, sino que le rogó al Señor que le quitara aquello (12:8), puesto que sabía que el Señor lo había enviado. Pablo descubrió también el propósito de Dios al permitir la visita del atormentador: "Para evitar que me volviera presumido" (12:7).

Es cierto que Satanás puede ser un poder controlador, incluso en las vidas de los creyentes que no dependen de Dios. Pero aunque Satanás "los tiene cautivos, sumisos a su voluntad", Dios ofrece la esperanza y el método para que "escapen de la trampa" del diablo (2 Timoteo 2:25, 26). Siempre hay "una salida" (1 Corintios 10:13), especialmente para quienes tienen presente el panorama total y el resultado final: "El Dios de paz aplastará en breve a Satanás bajo vuestros pies" (Romanos 16:20).

Por ahora, como parte del cuerpo de Cristo, sentimos el aguijón cuando Satanás "hiere su calcañar"; pero también tendremos parte en el castigo cuando Cristo "hiera su cabeza" (Génesis 3:15).

Las huestes de Satanás

Satanás no está solo en sus ataques espirituales.

Jesús habla del fuego eterno preparado "para el diablo *y sus ángeles"* (Mateo 25:41). Satanás *"y sus ángeles"* son mencionados juntos en Apocalipsis 12:9. En Mateo 12:24 es llamado "Beelzebú, príncipe *de los demonios*". Estamos confrontados a más de un enemigo, y es posible que podamos ser atacados por más de uno al mismo tiempo. De María Magdalena se dice que Jesús expulsó "siete demonios" de ella (Marcos 16:9; Lucas 8:2). Un pobre hombre estuvo asediado por una *legión* de demonios (Marcos 5:9-15; Lucas 8:30-33).

Estos espíritus son seres racionales, no enfermedades o padecimientos, ni tampoco trucos de la imaginación. Tienen todos los atributos de la personalidad. Incluso, creen en Dios, como nos dice Santiago: "¿Tú crees que hay un solo Dios? ¡Magnífico! También *los demonios lo creen*, y tiemblan" (2:19 NVI). Los demonios piensan, creen, oyen y hablan.

¿Quiénes son ellos, y de dónde vinieron?

Satanás no pudo haberlos creado, porque solamente Dios es el Creador. La mejor explicación es que se trata de ángeles caídos quienes, en algún momento en el tiempo, se unieron a la rebelión de Satanás. Pedro nos dice:

> ...Dios no perdonó a los ángeles cuando pecaron, sino que los arrojó al infierno y los entregó a fosos de tinieblas, reservados para juicio... (2 Pedro 2:4 LBLA)

Judas habla de "los ángeles que no mantuvieron su posición de autoridad, sino que abandonaron su propia morada" (Judas 6).

Un pasaje sugiere la posibilidad de que hasta un tercio de los ángeles del cielo cayó junto con Satanás. En el libro de Apocalipsis, Juan vio "un enorme dragón de color rojo" cuya cola "arrastró *la tercera parte de las estrellas* del cielo y las arrojó sobre la tierra" (12:3, 4). El dragón es identificado más en este capítulo como Satanás. Y las estrellas, como hemos visto, representan muchas veces a ángeles, tanto en Apocalipsis como en otras partes. La visión de Juan aquí puede bien haber sido una repetición de lo que sucedió en el cielo antes del comienzo de la historia humana.

La guerra espiritual

Los demonios son los servidores de Satanás, y están consagrados a su intención de frustrar el plan de Dios. En la Escritura, con frecuencia son llamados "espíritus de maldad" o "espíritus inmundos". Son gobernados por Satanás mismo y participan en su sucio trabajo.

Con enemigos como estos, necesitamos amigos. Dios nos los ha dado, y nos lo muestra en su Palabra. Aférrese a la verdad de que nada de lo que hagan los demonios puede estar fuera del buen propósito y de los buenos designios de Dios. Nunca olvide esto: "Ni ángeles, *ni principados, ni potestades*, ni lo presente, ni lo por venir... ni ninguna otra cosa creada nos podrá separar del amor de Dios, que es en Cristo Jesús Señor nuestro" (Romanos 8:38, 39).

Calvino nos ofrece una vez más una buena perspectiva. Nos enseña que Dios "maneja a los espíritus inmundos como Él quiere, de acá para allá", todo con la intención de "ejercitar a los creyentes". Los demonios están siempre "haciendo guerra contra ellos, atacándolos con artimañas, insistiendo con tentaciones, presionándolos, inquietándolos, preocupándolos y, de vez en cuando, hiriéndolos, pero nunca *adueñándose de ellos o dejándolos sin fuerzas*".

Puesto que Satanás y los demonios tienen un origen, una pasión y un trabajo comunes, tendrán también que enfrentar un destino común. Pablo nos asegura que "es necesario que Cristo reine hasta poner *a todos sus enemigos* debajo de sus pies (1 Corintios 15:25). Eso incluye al diablo y a cada uno de sus demonios.

En cada encuentro entre Jesús y los demonios narrados en los evangelios, Él fue siempre el vencedor. Sus seguidores también compartieron ese poder. Cuando los discípulos de Cristo regresaban "con gozo" de un viaje de ministerio, le reportaban a Jesús: "Señor, aun los demonios se nos sujetan en tu nombre" (Lc. 10:17). Y Jesús les respondía: "Yo veía a Satanás caer del cielo como un rayo".

Judas dice que Dios mantiene a los ángeles caídos "bajo oscuridad, en prisiones eternas, para el juicio del gran día…" (Judas 6)

Mientras tanto, hasta la manifestación de aquel gran día, estamos en lucha. Estamos en *"lucha…* contras los gobernadores de las tinieblas de este siglo, contras huestes de maldad en las regiones celestes" (Ef. 6:12). En esta lucha, hay alguien que nos enseña cómo soportar y cómo ganar, alguien cuya vida, más que nadie en la tierra, sabe tanto de la guerra espiritual como del toque de los ángeles.

Como podrás ver, ya son pocas las páginas que quedan por pasar de este libro. En un breve espacio de tiempo y dejaremos de dedicar atención a este maravilloso tema de los ángeles. Juntos cerraremos el tema para pasar un mejor tiempo con ese Alguien a quien los ángeles conocen muy bien.

Capítulo 14

LOS ÁNGELES Y JESÚS

FUE "VISTO POR LOS ÁNGELES", se nos dice en una breve y agradable frase que bien podría sonar como un himno que Pablo comparte con nosotros en 1 Timoteo 3:16. Jesús dejó el cielo, el hogar de los espíritus, para venir a la tierra, el hogar de la carne.

Y los ángeles vieron esto maravillados.

¡Oh, pero mire!, uno de los ángeles que vieron esto maravillados se nos ha unido de nuevo. Es nuestro viejo amigo, el guía que nos llevó capítulos atrás en esos rápidos viajes a lo largo de las Escrituras para ver las actividades de los ángeles.

Pues nuevamente, ¡bienvenido!… le damos las gracias por la nota que nos dejó. Nos pregunta si nos gustaría regresar de nuevo al pasado y, por supuesto, nosotros aceptamos con alegría.

Dice que esta vez todo nuestro viaje durará el tiempo de vida terrenal de una persona. "Se trata de la historia de un hombre", nos dice nuestro guía. "Es mi historia *favorita*", añade. "Y la de ustedes, también".

Entendemos. Y estamos contentos, porque siempre encontramos cosas nuevas en esa historia.

¿Qué descubriremos esta vez?

"Vámonos", dice el ángel. Y partimos.

En su nacimiento

Vemos unas colinas cubiertas de hierba, cerca de una aldea, y es de noche. Unos pastores vestidos con mantos de pelo de camello están acurrucados alrededor de una fogata. Sabemos dónde estamos en términos de historia y geografía: cerca de Belén, hace dos mil años.

"Según la medida del hombre", dice nuestro guía, "han transcurridos cientos de años desde que nosotros, los mensajeros, aparecimos en la tierra con un gran despliegue. Pero ha llegado un nuevo día. Hace apenas unos meses que Gabriel vino y le habló a Zacarías, y después a María. Otro de mis hermanos se reveló a José en un sueño. Sí, en estos días, el mundo nos verá aquí con más actividad. La gente también notará más milagros de parte de Dios. Y nuestros enemigos, los demonios, quedarán más al descubierto también".

En el oscuro silencio que cubre a las colinas, reflexionamos en sus palabras.

De repente, los pastores se lanzan al suelo, aterrorizados por una luz enceguecedora. Sabemos que eso pasaría, pero nosotros también nos asustamos.

El ángel tranquiliza a los conmocionados pastores, y luego les da la noticia: "Hoy *les* ha nacido un Salvador…"

Nuestro guía susurra: "¿Escucharon eso? El Salvador no vino aquí para los ángeles. Vino aquí para esos pastores, para ustedes, y para otros como ustedes".

El ángel dirige su mirada a toda la colina. Vemos el reflejo de la luz de las estrellas y la luz angelical vibrando en sus ojos.

"¡Y nos *alegramos* por ustedes!", grita, precisamente cuando el cielo de llena de innumerables ángeles. Todos ellos tienen la misma mirada de éxtasis en sus rostros.

"¡GLORIA A DIOS EN LAS ALTURAS!", exclaman con sus miradas dirigidas al cielo.

Nuestro guía dice con alegría: "Están exaltando a Dios, y diciendo al resto de los ángeles que están detrás que también se unan a ellos en la alabanza. El cielo que está aquí sobre nosotros en estos prados jamás podría brindar suficiente espacio para dejarnos ver a todos nosotros".

Usted y yo no podremos olvidar el gozo de estos mensajeros. En realidad, la noticia que están dando no tiene nada que ver con ellos. Pero están tan felices por ella, como si ellos, también, acabaran de ser arrebatados de las garras del infierno. Creemos que debe ser, simplemente, porque adoran tanto a Jesús. Después de todo, ellos ya han estado con Él en el cielo durante siglos y siglos. Deben conocerlo muy bien, y amarlo apasionadamente. Y puesto que Él se sintió con tanto gozo al venir ahora a la tierra, los ángeles pueden también gozarse con Él.

En su tentación

El volumen del coro de los ángeles se desvanece, e igualmente la escena. Aparece otra escena: la de unas colinas rojizas y solitarias del desierto de Judea. Un hombre —el Hijo del Hombre— está sobre una ladera, pero no está solo. La tenebrosa silueta del tentador está allí también. Pero solo podemos soportar darle una mirada fugaz. Desviamos nuestros ojos de él y nos preguntamos cómo puede Jesús soportar la fealdad de Satanás.

De nuevo, el guía nos explica: "En este encuentro, el enemigo no necesita vestirse de luz, como lo hace normalmente para engañarlos a ustedes. Sabe que ningún camuflaje puede ocultar su naturaleza del Hijo de Dios".

Mantenemos nuestras cabezas volteadas para el otro lado, pero escuchamos. Las palabras de Satanás nos suenan como el ruido producido por una interferencia. Pero podemos entender a Jesús claramente. Su fuerte voz se mantiene citando las Escrituras, de manera calmada y triunfante. Nosotros tememos y aborrecemos al mismo tiempo a este ser que está delante de Él, que se atreve a tentarle. Pero, por alguna razón, eso hace que atesoremos cada una de las frases que pronuncia Jesús.

Escrito está: "No sólo de pan vive el hombre, sino de toda palabra que sale de la boca de Dios".

Escrito está: "No pongas a prueba al Señor tu Dios".

Escrito está: "Adora al Señor tu Dios y sírvele solamente a él".

Nosotros sabemos, también, que estaremos enfrentando al tentador otra vez. Por lo tanto, no olvidaremos estas palabras de contraataque de Jesús.

Cuando nos damos vuelta, el tentador se ha ido. La batalla ha terminado. A los pies y al lado de Jesús hay ya ángeles para fortalecerle y alimentarle.

"Las Escrituras les han dicho a ustedes", dice nuestro guía, "que el Hijo del Hombre por un breve tiempo fue hecho un poco menor que los ángeles. Estos años de su vida en la tierra serán ese 'breve tiempo'. Durante este lapso, mis hermanos y yo podremos servir al Señor aquí de maneras que nunca lo haríamos en el cielo. Hace mucho tiempo, mis consiervos y yo ministramos al pueblo de Dios, Israel, en el desierto. Ahora Jesús está en el desierto, y le ministraremos a Él también".

En el Getsemaní

Nos trasladamos a una escena diferente, pero a una donde ya nos llevó antes el guía: un olivar, donde está Jesús inclinado y en agonía, el Getsemaní.

El destello de un recuerdo viene a nuestra conciencia. Recordamos de repente al corazón de Lucifer martillando: "*Yo… Yo… Yo…*

Yo... Yo...". Nos deshacemos de ese desagradable pensamiento, y enfocamos nuestras mentes otra vez en el Cristo que está orando.

"*Pero no se haga mi voluntad*", clama con limpia y pura pasión, "sino la tuya".

Luego hace una pausa en su oración. Todo está muy callado. Un ángel aparece a su lado, y le seca el sudor de su frente y de sus sienes.

Con lágrimas en los ojos, nuestro guía dice: "Ninguno de nosotros hizo jamás eso antes, hasta que llegó ese 'breve tiempo'. Y ahora, el fin se acerca".

La escena avanza rápidamente frente a nuestros ojos. Los discípulos, que habían estado durmiendo a pocos pasos, se despiertan y se ponen de pie.

Una turba de soldados y gente del pueblo y líderes religiosos ha entrado al olivar. Han venido a arrestar a Jesús.

Miramos alrededor. El ángel se ha marchado. Pero Jesús dice a la nerviosa multitud que le rodea: "¿Pensáis que no puedo rogar a mi Padre, y Él pondría a mi disposición ahora mismo más de doce legiones de ángeles?"

Nuestro guía asiente con la cabeza. "Él tiene razón", nos dice.

Después de su resurrección

La noche ha terminado, y llega la aurora. Es el comienzo de una brillante mañana en Jerusalén. Estamos en otro huerto, en otra parte de la ciudad.

Vemos soldados, cansados de una larga y tranquila noche, montando guardia en una tumba que está en la ladera de una colina. Usted y yo recordamos haber leído esto en el último capítulo de Mateo.

De repente, la tierra se estremece. Un ángel aparece de la nada, y llega tan de prisa como un rayo y con su mismo resplandor.

Los soldados están muertos de miedo, y huyen pálidos y temblorosos.

El ángel remueve una gigantesca piedra que cubre la entrada a la tumba. La hace rodar fácilmente, y luego se sienta calmadamente sobre ella.

"Ese hermano mío que está allí, es muy fuerte", nos dice nuestro guía. "Lo conozco bien".

Nos acercamos suficientemente a la tumba para mirar dentro de ella. Está vacía. El sudario está bien doblado sobre la piedra donde debía encontrarse un cadáver.

Ahora está saliendo el sol.

Dos mujeres entran al huerto de manera vacilante, y miran desde lejos en dirección a la tumba. Cuanto más se acercan, más angustiadas parecen.

El ángel se mantiene sentado. Tenemos la sensación que si se levanta o hace algún movimiento, esas dos mujeres saldrán huyendo despavoridas.

Oímos que el ángel se aclara la garganta. Está a punto de decir algo.

Nuestro guía se inclina hacia nosotros, y nos dice en voz baja: "Está tan emocionado por esta misión, que casi no puede creerlo. Lo conozco bien".

La voz del ángel es serena y confiada. "No teman", les dice a las mujeres. Ellas, en vez de darse vuelta y salir corriendo, se disponen a escuchar.

El ángel sigue diciendo: "Sé que buscan a Jesús, quien fue crucificado. Él no está aquí".

¡Ha resucitado! *—tal como Él dijo.*

El guía nos susurra de nuevo: "El ángel disfruta de cada palabra de esto. Lo conozco bien".

El ángel hace un amplio movimiento con su brazo en dirección a la tumba abierta, y dice: "Vengan, vean el lugar donde Él estuvo". Las mujeres se asoman cautelosas para mirar. Sus rostros se ven deslumbrados. La verdad está comenzando a hacerse clara para ellas lentamente.

"Vayan pronto", les ordena el ángel. Su voz se hace más resuelta con cada frase que dice: "Digan a sus discípulos: 'Él se ha levantado de los muertos y va delante de ustedes a Galilea. Allí lo verán'".

Una sonrisa se apodera de su rostro, y añade triunfantemente: "*Ya* se los he dicho".

La última escena se desvanece.

Nuestra conclusión

Nuestro guía nos hace de nuevo la misma pregunta que nos hizo en nuestro viaje anterior: "¿Qué han aprendido?"

Después de una pausa, usted decide responder por usted y por mí:

> "Que los ángeles aman realmente al Señor, que siempre le servirán... *y que lo mismo haremos nosotros.*"

REFERENCIAS

Thomas Aquinas, *Summa Theologica* (1267-1273).

John Calvin, *Institutes of the Christian Religion* (1536-1559; traducido por HenryBeveridge, 1845-1846).

Lewis Sperry Chafer, *Major Bible Themes* (Durham Publishing, 1926).

Christianity Today: Timothy Jones, "Rumors of Angels" (April 5, 1993).

Douglas Connelly, *Angels Around Us* (Intervarsity Press, 1994).

W. A. Criswell, *Expository Sermons on Revelation* (Zondervan Publishing, 1962).

C. Fred Dickason, *Angels Elect and Evil* (Moody Press, 1975).

Millard J. Erickson, *Christian Theology* (Baker Book House, 1983-1985).

Expositors Bible Commentary (Zondervan Publishing, 1976-1992).

A. C. Gaebelein, *The Angels of God* (Baker Book House, 1969).

Billy Graham, *Angels: God's Secret Agents* (Word Publishing, 1975).

Matthew Henry, *Commentary on the Bible* (1704-1721).

John Phillips and Jerry Vines, *Exploring Daniel* (Loizeaux Brothers, 1990).

Hope Price, *Angels* (Macmillan Publishing [London], 1993).

Corrie ten Boom, *A Prisoner — And Yet* (Evangelical Publishers [Toronto],1947).

Henry Clarence Thiessen, *Lectures in Systematic Theology* (Eerdmans Publishing, 1949).

Time: Nancy Gibbs, "Angels Among Us" (December 27, 1993).

A. W. Tozer, *The Pursuit of God* (Christian Publications, 1948); *The Divine Conquest* (Christian Publications, 1950); *The Knowledge of the Holy* (Harper Collins, 1961).

J. M. Wilson, "Angel," in International Standard Bible Encyclopedia (Eerdmans Publishing, 1915, 1979).

ÍNDICE DE PASAJES BÍBLICOS

ÍNDICE TEMÁTICO

B

C

D

I

J

L

M

R

S

T

U

V

W

Z

Señor Todopoderoso,
¡dichosos los que en ti confían!
Salmo 84:12